中京の松井大河投手が、1試合4日間で投じた球数は709。「相手より先にマウンドを降りたくない」というエースの意地を持ち続ける一方で、3日目終盤あたりからは、「打たれてもいい、負けてもいい、もう終わってくれ」という思いが何度も脳裏をよぎるほど疲弊しきっていた。

689球を一人で最後まで投げ抜いた崇徳の石岡樹輝弥投手。「投げることが楽しいから、相手が先にマウンドを降りようと最後まで投げたかった」という言葉通り、４日間を通じて疲れた素振りは一切見せず、終始笑顔でマウンドに立ち続けた。そんな石岡が珍しく吠える貴重な一枚。

延長50回表。無死満塁の絶好機で打席に立った中京の後藤敦也主将が、魂を乗せた一振りで値千金の２点タイムリーを放つ。

仲間のエラーも拙攻も、疲れも苦しさもすべて笑いに変えて、「延長50回」を心の底から楽しんできた崇徳ナインだったが…。

平中監督が標榜する「中京魂」で、コツコツひとつずつ積み上げてきたアウトの数は実に150。試合終了の瞬間、エース松井はナインに支えられなければ真っ直ぐに立つことすら出来ない状態だったことがよくわかる。

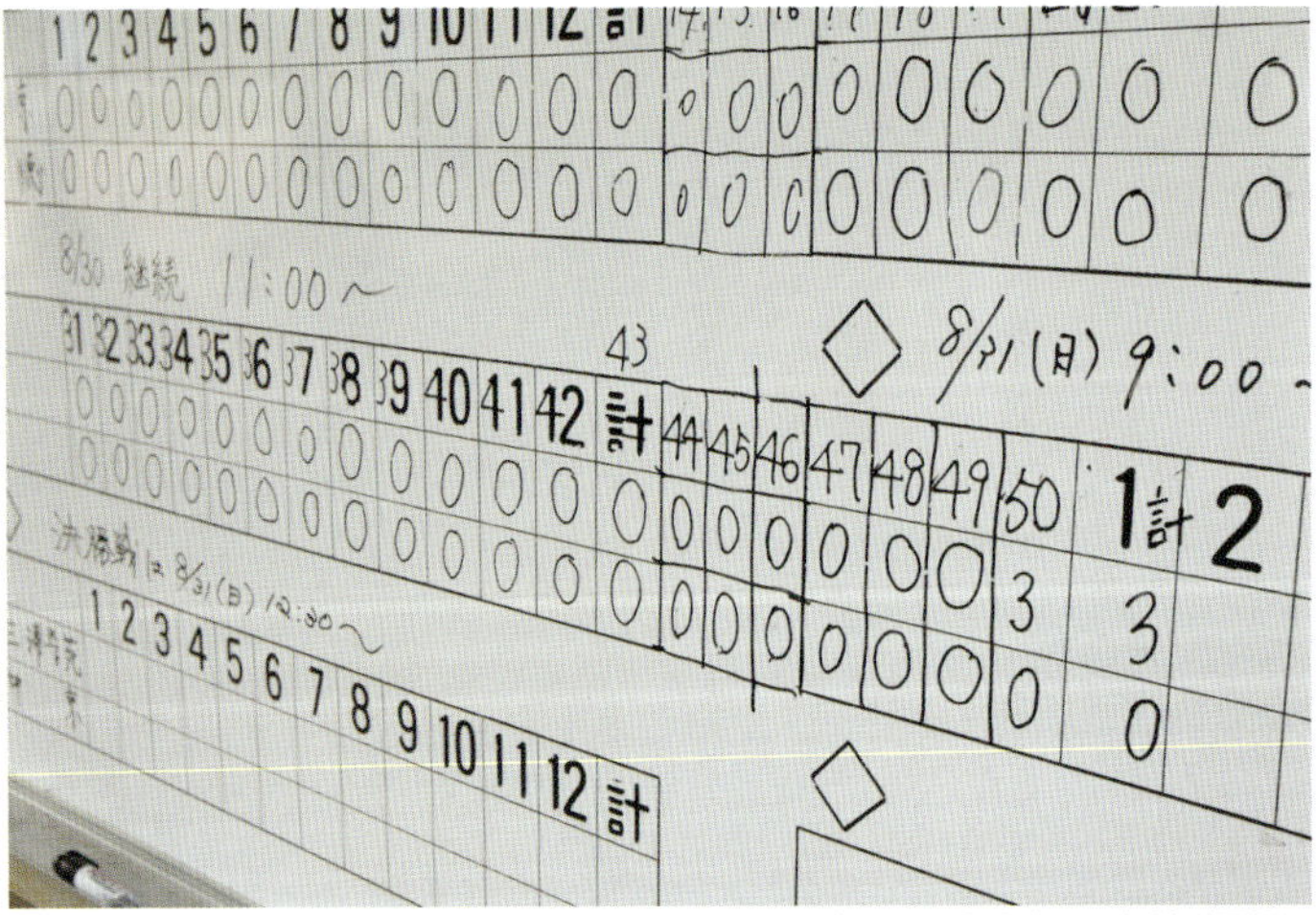

全国大会六度の優勝を誇る超名門野球部と、天才投手が牽引する自由奔放な個性派軍団。99個ものゼロが刻まれたスコアボードの裏側には、好対照のチームカラーだからこそ生まれた、涙と笑いと感動のドラマがあった。

まえがき

延長50回。

驚きよりも感動よりも先に、頭の中に「?」が浮かんだ。どういう意味なのか、わからなかったのだ。土地の広大さを表現する際、「東京ドーム〇個分」などとよくいわれるが、私にはいまいち実感できない。その感覚とよく似ている。

だが、テレビニュースやネット情報で〝延長50回〟の詳細を知っていくうちに、私の「?」は「!」に変わっていった。なんとこの試合、両チーム共に一人のピッチャーが投げ抜いたというではないか！　中京の松井投手は709球（延べ179打者）。崇徳《そうとく》の石岡投手が689球（延べ184打者）。両投手の合計球数1398球。

これ、何の競技だ？　本当に野球なのか？　人間は本当に連投でこんな球数を投げられるものなのか？　しかも高校生が⁉

さらに調べていくと中京は失策1。崇徳は失策3。投手は言うまでもなくすごいが、野手も驚異的だ。四日間、10時間18分に及ぶ死闘の中でほとんど守備のミスがないなんて。どうかしている。

調べれば調べるほど、私の中の「!」が「?」に戻っていく。何をどうしたら、こんな試合になるのか？

私はこの延長50回の真相が知りたくてたまらなくなり、中京高校のある岐阜に飛び、崇徳高校のある広島へ飛び、当事者たちに話を聞いた。するとそこには、啞然とするような驚愕の事実や、爆笑してしまうような秘話、そして涙を禁じ得ない珠玉のエピソードが隠されていた。

延長50回の中で、松井大河《まついたいが》は「打たれてもいい」と何度も思っていた。極限状態にあった彼を救ったものは一体何だったのか。

延長50回の間、石岡樹輝弥《いしおかじゅきや》は終始笑っていた。三振を取って笑い、味方のプレーに笑った。そして悔しくても、悲しくても笑っていた。

ひとつひとつのピースは色も形も統一性がない。しかし、ひとつひとつを組み合わせていくと、大きな大きな一枚の絵が浮かび上がる。〝延長50回〟はそうして作られていったパズルだった。

球史に永遠に刻まれるであろう伝説の死闘。魂の50イニング。この本を手にしてくださったあなたを、これからバックネット裏へ御招待しよう。

延長50回の絆

目次

第二章　不敵な挑戦者

第三章 奇跡へのカウントダウン

第四章　1398

第五章　駆け上がる

エピローグ　もうひとつの夏

プロローグ

終わらない夏

戦いはまだ続いていた。

崇徳高校のエース、石岡樹輝弥は右手で帽子を取り、土埃に塗《まみ》れた左の二の腕で額の汗を拭うと、再び帽子を浅く被り直した。

第59回全国高等学校軟式野球選手権大会。岐阜・中京高校と広島・崇徳高校が争う準決勝は、前代未聞の延長50回表に突入していた。

遡《さかのぼ》ること四日前。１６７センチ57キロの小柄なエースは、プレイボールから終始笑顔で投げ続けてきた。三振を取って微笑み、ヒットを浴びて苦笑いし、ピンチを迎えれば、その状況を楽しむかのように尚一層の笑顔を見せてきた。自分自身のテンションを上げ、仲間たちに安心感を与え、そして対戦相手を底知れぬ不安へ陥れる笑顔を、これまでずっと浮かべてきた。

しかし今、その顔からトレードマークの笑みが消えつつある。２０１４年8月31日。兵庫県・明石トーカロ球場。気温30度に迫る8月の最終日。真夏の高い陽はじわりじわりと石岡の残り少ない体力を確実に削り取り、物語のクライマックスを引き寄せにかかっている。

ノーアウト一塁。着実に走者を進塁させたい中京高校は、９番打者・大島健太郎が堅実な送りバントを試みる。石岡は無駄のない動作で跳ねる白球を捕まえると、躊躇《ちゅうちょ》なく二塁へ送球する。一塁から懸命にセカンドベースを目指す中京の西山裕基《ゆうき》。彼の力走がアウトになるかセーフを呼び込むかを論じる前に、なんと石岡の送球は大きく逸《そ》れ、センターへ抜けてしまう。痛恨の悪送球。

一塁側ベンチ。崇徳を率いる監督、中河和也《なかがわかずや》は思わず呻《うめ》いた。ショートをやらせても抜群のセンスを発揮する石岡の、軽快なフィールディングで鳴らす石岡の、普段では考えられないようなミス。

「石岡……」

中河が祈るような気持ちで見つめるマウンド上。限界をとうに超えているエース・石岡は帽子を被り直した。

（……体が言うことを聞いてくれん）

泣いても笑っても今日が最終日。最大延長は54回に設定されている。最後の最後まで戦いたい。そして勝ちたい。だから、

（……あと少し、あと少しでいいから、投げる力を取り戻させてくれ！）

感覚を失いつつある指先で、グローブの中の白球を握りしめる。

中河は、続く先頭打者の中上航平《なかうえこうへい》を四球で歩かせる満塁策を命じた。ノーアウト満塁。

ここで決める！　もう終わらせる！　牙を剝く中京。最大の好機に、打席へ入るのはキャプテンのゴアツこと、後藤敦也《あつや》。

（こいつがいなければ、俺たちはこの舞台にいない）

中京を率いる監督、平中亮太《ひらなかりょうた》はゴアツを熱い想いで見つめた。

（この場面で、こいつに回って来るなんて……運命だな）

平中は確信していた。高校野球生活2年半。誰よりも涙し、死ぬほど辛い思いをしてきたゴアツが、最大のチャンスで打席に立つ。ここでこいつが打てないというなら、野球の神様なんかいない。絶対に決めてくれる。決めろ。決めてこい！　平中はサインと共に、祈りをゴアツへ送った。

ゴム製で中が空洞になっている軟球は、硬球に比べて飛びづらいが、非常に弾む。この特性を最大限に利用することこそが、軟式野球の根幹を成すセオリーだ。

すなわち、ランナーを進塁させるためにボールを思い切り地面へ叩きつける。地面に打ちつけられて高く弾んだボールは滞空時間が長い。その間に走者は進塁することが出来る。軟式野球の世界では、この〝叩き〟と呼ばれるバッティングこそが基本中の基本であり、最も重要かつ有効な打撃とされている。当然、ノーアウト満塁という絶好のチャンスにおいて、平中がゴアツに送るサインは〝叩け〟だ。

高校生活の2年半、来る日も来る日も〝叩き〟続けてきた。平中にこっぴどく叱られ、泣きながら叩いた日もあった。数えきれないほどの素振りとバッティング練習は、この日、この瞬間のためにあった！　ゴアツは感触を確かめるように、何度もグリップを握り直した。

スタジアムに詰めかけた5000人を超える観客。気温をさらに押し上げるような歓声と悲鳴とため息。最大の山場を迎えた熱狂の中、石岡がセットポジションに入った。

ゴアツは奥歯を噛みしめる。

（西山をホームに返す。何としてでも返す！）

キャプテンとしての仕事を、今こそ遂げたい。責任感の塊《かたまり》のような背番号4は、石岡の投じた685球目のストレートに渾身の力で向かっていった。悪送球と四球を出し、疲労を隠せないはずの石岡のボールが、グンと手元で伸びてくる。

「ここ一番で、石岡君の球は〝来ていた〟」

ゴアツと平中が共にそう振り返る、石岡の魂の乗ったストレート。キレで勝負するピッチャーが、ここ一番で投じた球は気迫と力に溢れた一球だった。

ゴアツは白球を上から力いっぱい叩きつけようと鋭くスイングしていく。明らかに落ちているはずの石岡の球威。しかし球は、まるでホップしてくるようにグッと伸びてくる。挑んでくる。

（……しまった！）

石岡の気迫に押されたか。上から叩きつけるためのバットの軌道は、白球の下をすくう形になってしまった。そのために打球はライト方向へふわりと上がった。明らかな打ち損じ。ミスバッティングだ。

平中の顔が一瞬歪《ゆが》んだ。

（……落ちてくれ！）

ヒットエンドラン。ランナーはすでにスタートを切っている。三塁走者の西山も当然、待望のホームベースを目指して突っ込んでくる。ファースト守備の頭上を越えていく白球が、淡く萌える緑の人工芝に落ちれば、待ちに待った1点が入る。逆にファーストがジャンプ一番で捕球すれば、すでにランナーたちは飛び出しているため、トリプルプレーもあり得る。そうすれば瞬く間のスリーアウトで、千載一遇の得点チャンスは泡と消える。

（落ちろ！　頼む！）

49回、98個続いてきたゼロ更新がついに終わるのか。あるいはチャンスは潰《つい》えて延長はさらに伸びるのか。両チームの命運を乗せた白球が、山なりに飛んでいった。

第一章

王者のプライド

鳴り響く電話

話は二日前の2014年8月29日に遡る。この日の14時過ぎ。中京高校の和田尚《ひさし》副校長は、教員室の真ん中で思わず嘆いた。

「次から次へと……どうなっとるんだ、まったく」

蟬時雨《せみしぐれ》を掻《か》き消すように教員室の電話は鳴りっぱなしだった。岐阜の中京高校と広島の崇徳高校による第59回全国高等学校軟式野球選手権大会・準決勝が延長30回を超えたことを受け、マスコミ各社から取材依頼が次々に舞い込んできたのである。

「……勝ってくれ……勝って取材を受けたい」

敵ながら天晴《あっぱれ》な崇徳の粘りに敬意を表しながら、和田は自校の勝利を願って止まなかった。創部以来、六度の全国制覇を成し遂げてきた軟式野球部であったが、昨2013年は予選にあたる東海大会で敗退し、全国大会出場が叶わなかった。屈指の強豪校としてのプライドが、今年2014年に懸けられていた。

「それにしても平中……またやりやがったか」

中京高校は以前にも決勝再試合や延長18回を経験しており、その際に祝勝会や報告会の段取りが大幅に狂ったことがある。学校行事一切を取り仕切る和田は、その煽《あお》りを直接受けてしまうのだ。

（まぁしゃーない。勝てば……勝てばええわ）

和田はチームの指揮を執る平中亮太監督の顔を思い浮かべ、苦笑しながら願った。平中は和田がかつて高校3年間担任を受け持った教え子でもあった。

中京高校（当時は中京商業）軟式野球部でキャプテンを務めた後、早稲田大学軟式野球部へ進み、教師として母校へ戻ってきた平中。3年間コーチをした後に前任監督の退任を受け、使命感を帯びて新監督になった教え子は、これまで輝かしい実績を残してきた。就任してからの6年間で全国大会優勝2回、準優勝1回。

生真面目で一本気な男は、中京軟式の強さと伝統を守り続けてきた。そして今なお監督として自身三度目（学校通算七度目）の全国制覇に向かって、準決勝を生徒たちと共に戦っている。楽して勝てる年などない。これまでも血と汗の滲《にじ》む猛練習と激闘の末に手にしてきた栄誉だが、今年は輪をかけて苦しい。なにしろ延長30回でも決着がつかないのだ。

「まぁ、さすがに明日には決まるだろうけどなぁ。それにしても大変だわ……」

和田はこの時、延長がさらに20回も続くとは夢にも思っていなかった。

揺るぎない根拠

「こんなことになるなんて……」

延長30回で決着がつかず、二度目のサスペンデッド（継続試合）が決定した瞬間、平中はふーっと息を大きく吐き出した。

延長30回。合計60個並んだゼロ。1ミリだって想定しなかった事態。和田同様、この後50回まで延長が続くなど、この時点の平中とて夢にも思っていない。

先攻・中京。後攻・崇徳。一昨日、9回が終わって延長に入ってからずっと、中京の選手たちはサヨナラ負けの危険に晒《さら》されながら戦い続けている。特にエース松井大河の心身は削り取られ、ボロボロになっていた。30回終了時点で球数は432。一度座ると立ち上がれないほどに疲弊《ひへい》していた。

選手たちのほとんどが、溢れる涙を泥だらけの袖口で拭っていた。

「大河……ごめん」

一人の選手は絞り出すように言うと、突っ伏して号泣した。

「ピッチャーがこれだけ頑張っているのに助けてやることが出来ない。自分たちの打撃の不甲斐なさが悔しくてたまらなかったんでしょう」

平中はこの時のベンチの様子を振り返る。でも、と平中は言葉を継いだ。

「それでも何故か不思議と、勝てるというか、負ける気がしないという気持ちでした。どれだけピンチが続いても、どれだけ延長を繰り返しても」

俺たち中京軟式野球部は、日本一になるために、日本一の練習を積み重ねてきた。日本一の心身鍛錬をしてきた。だから負けない。どんな試合になっても負けるはずがない。それが平中の揺るぎない根拠だった。それが七度目の全国制覇を目論《もくろ》む、高校軟式野球界の頂点に君臨する、王者のプライドだった。

負けない野球

中京高校軟式野球部。高校軟式野球界において、その名は絶対的な響きを帯びている。1963年創設。以来、最多優勝回数八度を誇る作新学院（栃木）に次ぐ六度の全国制覇。2011、2012年と連覇を果たし、2014年には七度目の日本一に向けて牙を研ぐ。作新と共に高校軟式野球界の王と呼んで、何ら差し支えないだろう。

遡ること16年前。平中は自身が中京高校在学中だった二年生時、三年生時に全国大会二連覇を経験している。二年生の頃はベンチ外だったが、三年生ではファーストでキャプテン。平中は選手当時に二度、監督になってからも二度、日本一の〝味〟を経験しているのだ。

現役選手を引退し、指導者という立場になった平中は、どうしてもその〝味〟を球児たちに教えてやりたいと思った。日本一になる喜びとはどういうものか。そして日本一になるためには、どれほどの汗を流さなくてはならないかを。

「僕が高校生だった当時のチームは、周囲から〝弱い弱い〟と言われていました。確かに野球技術のレベルは高くなかったです。でも逆に意識は高かった。〝弱いなら何が出来るのか〟というのを全員で考えていた。だから日本一になれたんだと思います」

弱き者たちが頂点を目指すためには何をすればいいのか？　高校現役当時から考え続けた平中は、母校へ帰って監督になってますます、その真理への探究に没頭していった。

試行錯誤の末に辿り着いた結論。それは『勝つ野球ではなく、負けない野球』であった。たとえ試合結果が同じだとしても両者は似て非なるもの。〝勝つ〟と〝負けない〟はニュアンスが全く違う、と平中は言う。

「例えば、勝つ野球ならば2点取られたとしても3点取れば勝てるという考え方ですが、私の考える『負けない野球』というのは点をやらなければ負けないというものです。点を取れなくても、与えなければ負けることはないわけです」

平中は監督生活を送る上で年々、打撃練習よりも守備練習に割く時間を増やしていった。比率にすれば3対7だという。

「極力ゼロに近い失点に抑え、どんな不細工な形でも、泥まみれになっても、少ないチャンスをものにして、その1点を守り切る野球です。極端にいえば、ノーヒットでもいい。四球でランナーが出れば、盗塁なり、送るなり、どんな不細工な形でもいいから1点を取る。そのもぎ取った1点を泥臭く守り抜くんです」

「軟式と硬式」は「サッカーとバスケ」ほど違う

そもそも平中が〝守り切る野球〟を標榜した理由は、軟式野球特有の性質からきている。

「軟式野球というのは、本当に点数が入りづらい競技なんです」

平中は軟式野球に疎い筆者に、わかりやすく説明してくれた。

硬式野球（プロ野球や甲子園を頂点とする高校硬式野球など）と、平中らが取り組む軟式野球（高校軟式野球や社会人軟式野球など）は、

「決して大袈裟ではなく、サッカーとバスケットボールほど違うんです」

と言う。その違いを決定的にしているのが、使用されるボールだ。硬球はコルク芯の周りをゴムと糸で巻き付け、その上を牛皮で覆っている。体に当たれば骨折は免れないほど非常に硬い。対して軟球は、中が空洞になっているゴム製である。

この性質上、硬球はバットの芯でとらえなくても、打球は速く、遠くへ飛びやすい。つまりヒットやホームランが出やすいため、得点が入りやすい。一方、軟球はバットの芯でとらえないとゴロやフライになってしまう。そのためなかなか得点に結びつかない。その証拠に、2014年度の全国高校硬式野球大会（甲子園）では48試合で36本のホームランが生まれたのに対し、全国高校軟式野球大会は15試合行われて0本。全くホームランが出なかったのだ。

「2010年の第55回大会で、秋田の能代高校さんが優勝しているんですが、これがすごかった。とにかくバッティングを鍛え抜いて、実際に打ちまくって勝っているんですから。私の考えと真逆ですから尊敬します。珍しいケースだと思いますよ。軟式は本当に点数が入りづらいゆえに、ゲームは投手戦になることがほとんどですから」

硬球と軟球の違いは他にもある。重い硬球は軟球よりも球速が速くなる。その差は目安として時速10キロ前後だといわれている。つまり軟球で時速135キロの速球を放るピッチャーは、硬球だと時速145キロを叩き出すことが出来るという計算だ。

ゴム製の軟球は硬く重く大きな硬球と違い、非常に跳ねる。地面に叩きつけるようなバッティングをすると、軟球は驚くほど弾む。

「軟式野球界では、わざとボールを地面に叩きつけるバッティングを多用します。そのままの名前で〝叩き〟と呼ばれる打法です。三塁ランナーをホームに返したい場面では、私は滅多にバントスクイズのサインは出しません。叩け！　と指示します。打者が叩きつけたボールが大きく弾んでいる間に、三塁走者をホームへ帰すわけです」

ボール特性の違いによって、硬式野球と軟式野球は根本的な戦術面が全く異なる。とある高校野球関係者がこんなコメントをしている。

「２０１４年度甲子園優勝校の大阪桐蔭と、軟式野球全国制覇を果たした中京が試合したとする。硬球でやれば大阪桐蔭の勝ち。軟球でやれば中京の勝ち。その逆はないし、どちらかの二連勝もない」

サッカーとバスケットボールほど違う硬式野球と軟式野球。得点が入りづらい軟式の世界で勝ち抜くため、平中は守り勝つ野球を標榜した。その実現のためには、堅固な守備とハイレベルなバッテリーが絶対条件となる。打ちまくるスラッガーよりも、喉から手が出るほど欲しいのはピッチャーだ。堅固な守備陣を敷いた上で、絶対的なエースを擁《よう》することが出来たなら、険しい全国制覇への道のりに弾みがつく。

いいピッチャーが欲しい。守り勝つ野球の中心に有能な投手を据えたい……切望する平中の視界に、一人の中学生が飛び込んできた。

君と一緒に

2011年秋。平中はある練習試合で投げる一人の中学三年生に熱い眼差しを送っていた。

「噂通りで、球速いなぁ」

彼の評判は、地元の多治見市を越え、県内に広がっていた。岐阜県選抜メンバーに選ばれた彼の速球は、中学三年時で時速127キロを計測していた。硬球ならば+10キロ目安で、140キロ近くを投げる計算になる。15歳としては立派な速球派だ。

「コントロールいいなぁ……」

低めに決まる、伸びのあるストレート。空振り三振を連発するキレのあるスライダー、ツーシーム。

「スタミナも申し分ない……」

フォームが美しいために、無駄な力みが少ない。ゲーム終盤に差し掛かっても衰えることのない球威。ブレない体幹の強さもある。

「入れどころと抜きどころを知っている」

打者全員に対して全力で立ち向かえば、たちまちスタミナを消耗する。クリーンナップの強打者たちやランナーを背負った場面では10の力で放り込み、下位打線やランナーなしの場面は7の力で処理する。そうすることでスタミナを後半まで温存することが出来る。そのコツを知っている。野球センスが備わっている。

「何よりマウンド度胸がいい……」

ピンチの場面でも強気の姿勢を崩さない。四死球を恐れず「打ってみろ！」と言わんばかりの気迫で打者に向かっていく。窮地を迎えると一段階ギアを上げるのだ。渾身のストレートを内角ギリギリに決め、さも当然といった表情でマウンドを去っていく。ふてぶてしいまでの自信。平中は当時を振り返って笑う。

「一言で言えば〝不真面目な優等生〟という印象でした。野村克也さんがこんなことを言ってます。〝クソ真面目なピッチャーはエースにはなれん〟と。もともと力を持っている。その上で抜くところを知っている、でも締める時は締める。性格的にエースにぴったりという感じでした」

平中はこの年の夏、監督として二度目の栄誉に浴していた。第56回全国高等学校軟式野球選手権大会・決勝で、強豪・作新学院を逆転サヨナラで撃破。チームを日本一に導いていたのだ。エースの下田は170センチあるかないかの小柄ながら、抜群のコントロールとスライダー、ツーシームを武器に、優勝の立役者となった。その下田に、この中学三年生は似ている。いや、下田の良さに加えて球速があり、スタミナがあり、何よりハートが強い。平中の描く理想に、限りなく近づくことの出来る可能性を秘めたピッチャー。それが松井大河だった。

平中は面談を申し込み、大きな可能性を秘めた中学三年生に、思いを熱く語った。好感触だと思ったのも束の間、硬式に進んで甲子園を目指したいという噂を聞き、「これはいかん」ともう一度面談を申し入れた。どうしても離したくない逸材。平中は〝ラブレター〟を持参していった。それはエースナンバー「1」の背番号が入ったユニフォーム生地に、直筆メッセージを書き込んだ代物だった。

松井君へ
君と一緒に
再び日本一を
勝ち取りたい
中途半端で終わって

ほしくない

受け取った松井は、平中の思いが詰まった文字列を黙って読んだ。そしてその文字の下地になっている背番号「1」をじっと見つめた。

〝毬〟をグローブに投げつけて

1996年（平成8年）5月16日。松井大河は三人兄弟の三男坊として生まれた。出身地は岐阜県多治見市。ピンと来た人もいるだろうが、埼玉県熊谷市と双璧を成す〝日本一暑い町〟として有名である。

長男の駿《しゅん》、次男の健人《けんと》が揃って少年野球をやっていたため、末っ子の大河も物心がつく頃には自然とグローブやバットに親しんでいた。特に7歳上の長兄・駿は、幼い大河にとっては眩《まばゆ》いばかりに憧れの存在だった。同級生の三上朋也（現・横浜ＤｅＮＡベイスターズ）らと汗を流し、中学時代にはショートでレギュラー。全国大会でベスト8にまで登りつめている。

「僕が野球をやりたいと思ったのは、特に長兄の影響が大きかったと思います。長兄は中学時代はショートでしたけど、小学生の頃はピッチャーをやってました。それを見て、ピッチャーをやりたいと思いましたし」

大河は小学一年生、正確には幼稚園の年長あたりから、地元・多治見市の『脇之島クラブスポーツ少年団』へ入団する。

「地元でも硬球のリトルリーグはいくつもあるんですけど、そっちへ行こうという選択肢は当時なかったです。憧れの兄たちと同じところでやりたかったので」

大河の野球好きは祖父・茂の影響も大きかった。グローブをはめた左手にボールを叩きつけながら、祖父と並んでテレビのプロ野球中継をよく見ていた。父の志修《しのぶ》が振り返る。

「大河は高校3年間、練習が終わってから帰って来るのが夜の11時過ぎなんですけど、必ず洗濯をするのはおじいちゃんなんです」

祖母の勝子《かつこ》も嬉しそうに言う。

「だからあの子は〝おじいちゃんは僕のマネージャーや〟言うんですよ」

三兄弟が揃って野球をやり、祖父母と父が子供たちを全面的に応援した。野球というキーワードで家族は強く結ばれていた。

「大河たちを育てたのは僕やない。祖母なんです。まるで母親みたいに」

父・志修は、勝子に頭が上がらない。志修の母、つまり大河の祖母である。大河が1歳5カ月の頃に両親は離婚。以来、商売が忙しく家を空けがちな志修に代わり、勝子は〝母〟として三兄弟を育て上げてきた。

72歳の〝母〟はよく笑い、よく喋る。底抜けに明るい。

「母親代わりじゃなくて、まるでお母さんでしたねぇ。人生二度目の育児です。三兄弟でしたから、そりゃあもう大変大変！　私？　明るい？　そう。子供が影を持つというのがあるでしょう。なんとなく見た感じ、影のある子というのは表情でわかるでしょう。自分がバカになってコミュニケーションを取らないとね！　子供には影を作るようなことは絶対にやってはいかんと思っていましたから」

祖母は〝母〟であろうとした。自身も居酒屋を経営しながら、子供たちとのスキンシップを大切にした。長男次男が不在の際には、大河とのキャッチボールも買って出た。

「あの子は、三人の中でも一番野球が好きやったからね。練習から帰ってきても、いつも一人で〝毬《まり》〟をグローブに投げつけてね。だから相手をしてやらんと」

筋トレが嫌いな大河のために腹筋マシンを購入し、自らもやってみせた。挨拶が出来ないと叱り飛ばし、子供たちが反抗すれば「どこの家庭でも親というのはうるさいもんだよ。うるさくなくちゃ、子供はいい子になれないんだよ！」と毅然と説教した。

愛情と触れ合いと厳しさを受け、大河は真っ直ぐに育っていった。ところが小学三年時に、家族を震撼させる出来事が起きる。

ベッドの上で

「小学三年生の春までは、短距離でも長距離でも足は速いほうだったんですけどね」

小学三年生の春。大河少年は友達4人と一緒に近隣の山へ〝探検ごっこ〟に出掛けた。崖の上ではしゃぎ回る少年たち。その直後に悲劇は起きた。足を滑らせた大河少年が15メートル下へ滑落《かつらく》したのだ。父・志修が当時を振り返る。

「たまたま木に当たってワンクッションあったから良かったんですけど、木がなかったら即死やったでしょ。なんせあの高さやもん」

レスキュー隊が8人がかりで、2時間かけて救出。九死に一生を得たものの、右足の大腿骨骨折で手術、入院。大怪我だった。

さらには治りかけてきた頃、リハビリ中に転倒。結局、右足には二度にわたってメスが入り、約1年間、ベッドの上での生活を余儀なくされてしまった。

「ベッドの上で一人で、グローブの中にパンパンってボールを投げ入れて遊んでました。足が動かないから、毎日毎日そうしていました」

明けても暮れても野球漬けだった小学三年生にとって、ベッドの上の1年間は果てしない長さだったに違いない。

「野球がやりたい……」

この入院生活は、大河の野球人生に計り知れない影響を及ぼしている。幸いなことに、ボルト跡こそ痛々しいものの、骨が緩やかな湾曲を残すのみで、右足の古傷は大河の野球人生に影を落とすには至らなかった。しかしこの空白期間は、大河の野球に対する情熱を恐ろしいほどに醸成させた。体を動かしたくてたまらない盛りに、大好きな野球を取り上げられたのだ。その鬱屈したエネルギーはすべて、回復後に吐き出された。

この人と一緒に

1年間のブランクから解放された少年は、永らく蓄積した願望を爆発させるかのように、野球に没頭していった。毎日泥まみれで帰ってくると、自分の汚れよりもまずグローブの汚れを落とし、ピカピカになるまで磨いた。

「普段はアホなことばっかり言ってね。ひょうきんなやつなんですけど、野球になると目の色が変わります。スイッチが入ったみたいに。異常なくらいの負けん気と闘志を見せますね」

長兄の駿が振り返る。二人の兄は、末弟のほとばしる野球愛を受け止め、キャッチボールや技術指導をした。二人の兄の愛情と、口にこそ出さない期待を、末っ子はひしひしと感じていた。

「兄たちは中学校の時も試合を観に来てくれて、いろんなアドバイスをくれたりとか、キャッチボールをして投げ方を教えてくれたりとか。変化球の握りは今も長兄が教えてくれたものを使っています」

長兄直伝のスライダーとツーシームは、現在の松井の生命線ともいえる主武器だ。

小学三年時に1年間のブランクを作ったものの『脇之島クラブスポーツ少年団』では小五で二番手ピッチャー、小六でエースの4番。兄たちが見込んだ才能は着実に育っていく。

その後は、過去に県大会優勝実績もある、多治見市立南ヶ丘中学校の軟式野球部に入部。ここでもやはり、松井は順調に伸びていく。

この中学三年時の松井の実力を評価する指標がある。岐阜県が高校野球強化の一環として始めた『スーパージュニア』だ。

慶応大学野球部監督として高橋由伸（現巨人）ら幾多の名選手を育てた後、日本代表監督を務めた後藤寿彦《としひこ》が音頭を取って始まった、エリート育成プロジェクト。この試みでは県内の中学軟式野球部の有望選手が選抜され、合宿と紅白戦を行うのだが、松井は堂々ピッチャーとして選出されているのだ。

コントロールに定評はあったものの、何よりも周囲が評価したのは、打者に向かっていく気迫だった。クリーンナップを迎える、あるいはランナーを背負うと、松井は「ギアを上げる」ことが出来た。ピンチで燃えるのだ。本人曰く「技巧派というよりも、力で」投げ込み、危機を脱すると誇らしげに胸を張った。その堂々たるマウンド度胸に惚れ込んだのが、中京高校軟式野球部監督の平中だった。

「高校進学にあたって、硬式か軟式かで迷っていました。その時に、平中先生が中学校にいらっしゃって」

松井は父・志修と共に、平中に向かい合った。思いを熱く語る平中に、親子は徐々に惹き込まれていった。硬式に進んで甲子園を目指すか。軟式野球界の強豪である中京高校に進み、日本一を目指すか。揺れる松井に平中が手渡したのは、エースナンバー「1」の背番号が入ったユニフォーム生地に、直筆メッセージを書き込んだ代物だった。

松井は悩んだ。硬式に進んでも投手でレギュラーを獲る自信はある。チーム状態が良ければ甲子園も夢ではないだろう。一方で中京高校はこの年、強豪・作新学院を逆転サヨナラで撃破し、日本一に輝いている。この〝日本一〟の説得力はあまりにも大きい。何よりこの監督さんは、こんなにも自分のことを買ってくれている。

「いいんじゃないか。ここでやって行けよ」

同席していた父が言う。松井の中の天秤が少しずつ傾いていく。うん、それもいいな。この人と一緒に、この人と一緒なら、日本一を勝ち取ることが出来るかもしれない……。

明石へ連れて行く

松井は中京高校に進学し、軟式野球部に入部した。一年生の松井の目に眩しく映ったのは、エース争いを繰り広げる3年生の高畑と2年生の工藤と田辺、小栗の姿だった。

このライバルとの競争に勝った工藤は、二年生エースとしてチームを日本一へと導いた。

「自分も工藤さんにみたいに二年生でエースを獲って、日本一を摑み取りたいと思いました」

松井は工藤を意識した。速球派で鳴らした工藤は変化球の持ち球が少なかった。

「自分は変化球をいろいろ持っていたので。それを磨いて、工藤さんが出来ないピッチングをしてやろうと意識して練習していました」

工藤が引退した二年生の夏（新メンバーでのスタート時）、松井はエースの座に就いた。

　硬式野球の球児たちは誰もが甲子園を目指す。軟式野球の球児たちの憧れの地は、明石だ。

　兵庫県明石市。兵庫県立明石公園内の『明石トーカロ球場』は、全国高等学校軟式野球選手権大会の本大会や、兵庫大会の決勝戦が行われることから〝もうひとつの甲子園〟の異名を取る、高校軟式野球の聖地である。

　松井はエースの座を射止めて以来、大好きな祖父母に口癖のように言っていた。

「明石へ連れて行くから」

　そしてこう続けた。

「何が何でも僕は明石でやり抜く。絶対に勝つ」

強くなるための方程式

　絶対的エース・松井大河を擁した平中は、日本一になるための、もうひとつの条件に着手していた。〝守り勝つ野球〟の根幹を成す、〝鉄壁の守備〟の実現だ。

　火曜日から金曜日まで、アップやグラウンド整備を含めて、みっちり4時間の練習。

「以前は5時間を超えていたので、これでも減らしたほうです。土日はほぼ練習試合ですね。そこで見つかった課題を火曜以降に克服していくというスタイルです」

陽の長い夏はまだしも、短い冬の間でもこれだけの練習時間を割けるのは、ナイター設備のおかげだ。中京高校には軟式、硬式とそれぞれに専用球場があり、山間のグラウンドを煌々と照らしてくれる照明機器が完備されている。軟式野球でこれほど恵まれた野球環境は全国的に見ても珍しい。

遡ること40年前。角吉生《かどよしお》が監督を務めていた時代、一帯は山を切り開いた荒地だった。角は生徒たちと共に砂利を拾うところから始めた。練習のない土日は、生徒と共に近隣のゴルフ場へアルバイトに出向き、貯めたお金でネットや備品を揃えた。その姿に胸を打たれたOBたちが、鉄骨や電柱を手配するなどして、グラウンドは出来上がっていった。時代柄、鉄拳も辞さない鬼監督であったが、選手と野球をこよなく愛し抜いた角は人望も厚かった。平中は、その魂と歴史あるグラウンドを受け継ぎ、選手たちをしごき抜いた。

スピードと確実性を重視したワンバウンド送球の徹底。「9回裏ノーアウト満塁、1点取られたらサヨナラ負け」という究極的な場面を想定しての実戦ノック。

「形だけのノックを廃して、より実戦形式にしたら、選手たちは自分たちで考えてプレーできるようになりました」

100メートル×100本の走り込みに止まらず、1周500メートルはあろうかというグラウンドを50周。もはやハーフマラソンだ。

さらに平中は〝秘策〟の数々も繰り返し練習させた。

「3年間野球を続けても、一度も出る幕のない作戦かもしれません。でも、どんな場面にもチャンスはあるから諦めてはいけないということ。そしてひとつのアウトを取ることは、これだけ大変なんだということをわかって欲しいんです」

平中は必死でボールを追う選手たちの向こうに、日本一の栄冠を見ていた。そして日本一の栄冠の向こうに、彼らが数年後には羽ばたいていく実社会を見ていた。監督になって間もなく、ミーティング資料の中に『感謝の気持ち、謙虚な心、向上心を忘れない』という言葉を書き入れている。

「日本一は目標ですが、真の目的はやはり人間形成です。社会に出てかわいがってもらえる人間になりなさい、という気持ちで指導しています」

平中は挨拶を徹底させていた。取材で訪れた筆者に対しても、選手たちは動かす手を止め、上体を腰から30度ほど曲げて敬礼し、大きな声で挨拶をしてくれた。歩きながら頭をひょいと下げていただけの私は、自分のいい加減な挨拶を恥じて顔が真っ赤になり、慌てて立ち止まって礼を返す始末だった。

平中はゴミ拾いも重要視していた。

「前監督の角先生もゴミ拾いをうるさく言っておられました。ただ拾えばいいわけではない。〝物事にはすべて意味がある〟という部分にまで掘り下げて、一度考えて欲しいんです。守備というのはチームプレーだとはいえ、一人一人が責任を負いますよね。意味を知った上で自然にゴミを拾う習慣がついていると、飛んで来たボールを自然に捕れるという感覚に不思議と繋がるんです。ゴミって気を付けてないと見逃してしまいますよね。慌てて走っている時には絶対ゴミになんか気づかないですから。やっぱり〝気づき〟ということだと思うんです。頭で考えて動くよりも、感じて動くということですね。身体が勝手に動いているということ。これは野球に通じることだと思います」

平中は人間形成なくして野球での成功はないと言い切る。

「派手な打ち合いもある硬式に比べると、軟式野球は非常に点数の入りづらい、地味な世界です。ロースコアの中で、9回までひたすら1個1個のアウトを積み重ねる。コツコツコツコツ27個積み重ねるんです。そういう根気のいる作業を黙々とやるためには、ベースにまともな人間性がなければならないと私は考えます。いくら技術的に優れていても、挨拶もゴミ拾いも出来ない人間は絶対にレギュラーにはさせないし、第一なれません。必ず落ちていきます」

野球の真髄は、地味な作業をコツコツと積み重ねることが出来る人間力にこそある。どんなに不細工な形でもいい、泥くさくてもいい、やっとの思いで手に入れた貴重な1

点を、全員が力を合わせて守り切る――。

　平中はそんな自らの哲学を〝中京魂〟と呼んだ。そしてこの哲学は形骸化した精神論に堕ちることなく、ひとつの真理として2014年夏に証明されることになる。

懐刀

　2014年春。松井は肘を故障し、3月末から4月末まで1球も投げることが出来なかった。少年からプロまで、肘の故障はピッチャーの職業病のようなものだが、その痛みよりも深刻な事態が起こってしまった。

「投げ方まで忘れてしまったんですよ」

　平中が苦笑しながら振り返る。中学三年生の頃から松井はフォームが美しかった。ゆえに力みが少なく、ゲーム終盤まで球威を保つことが出来るスタミナを有していた。そのピッチャーが投げ方を忘れるというのは大問題だ。飛び方を忘れた鳥。フォームを取り戻せなければ投手生命は終わる。

「船坂に任せるしかありませんでした」

船坂武士《ふなさかたけし》。中京高校軟式野球部のトレーナー（兼ヘッドコーチ）である。柔道整復師と鍼灸師の資格を生かし、選手たちの身体のケアを担う。しかし船坂の役割はそれだけに止まらない。選手たちのフォーム矯正も行えば、相手チームのデータを分析し、平中に戦術を耳打ちもする。トレーナーであり、コーチであり、つまり平中にとっては懐刀《ふところがたな》ともいえる存在だ。平中を劉備玄徳に例えるなら、船坂は諸葛亮孔明ということになる。

船坂が平中を知ったのは、中学二年生の頃に見たテレビニュースだった。当時放送された中京テレビのニュース映像には、第44回全国大会で日本一に輝いた中京ナインが映っていた。その時のキャプテンが平中だったのだ。

日本一になりたい——。

船坂は中京に進学し、高校三年時にはキャプテンを務めた。その年、教育実習生として平中が母校にやってきていた。平中はこの時、一般企業から内定をもらっていたのだが、船坂たちの東海大会の戦いぶりを見て指導者を志願。内定を蹴ってまで、軟式野球部に戻ってきたのだった。

船坂もまた卒業後、社会人野球を経て、トレーナーとして野球部へ戻ってきた。以来、平中の右腕として部を支えてきたのだ。

「この男がいなかったら優勝はおろか、全国にも出られんでしょう」

平中が全幅の信頼を置く船坂は、エース松井の〝治療〟に取り掛かった。肘の状態をチェックしながら、フォームをもう一度確立する作業だ。

「足が先に着地し、下がった肘が遅れて出てくるんですね。こういった投げ方をすると、結果的に腕だけ振って投げるようになってしまうんです。それを克服するためには下半身の柔軟性を上げること。そして下半身の筋力を上げることだと考えました」

松井は入学以来、船坂から下半身強化を徹底的に追い込まれてきた。こうして肘を故障した際にも、船坂はやはり下半身の強化を申し渡したのだ。

「アメリカンノックなどで走る練習は大好きですけど、黙々とダッシュするとか、そういう単純で地味な練習は正直嫌いです」

そんな松井を船坂はなだめすかして、ひとつひとつ積み重ねるように仕上げていった。

「基礎は甦ったから、あとは本人がいかに〝感覚〟を取り戻せるか、だな」

マエケン

船坂に基礎を再建してもらった松井は、例えば、広島東洋カープのマエケンこと前田健太を真似て投げてみたりもした。振り上げた左足を静止させて溜めを作る、特徴的なピッチングフォームだ。

「……おお?」

松井は自分の球が走っていることを実感した。腕がかなり振りやすく、リリースポイントが以前よりも前方になったことで、球が生きてきたのだ。船坂もエースの復調には目を見張った。

「足の運びが良くなったおかげで体重移動がスムーズになりました。だから躍動感が以前よりも出てきた。球速はそれほど変わりませんが、スライダーがより曲がるようにもなりました。何よりの収穫は、正しいフォームを身に付けることで身体への負担が軽減され、怪我をしづらくなったことです」

松井も大いに手応えを感じていた。

「この投げ方が偶然、自分に合っていたんですね」

マエケンの真似で危機を脱したのは、県大会が始まる7月21日の直前だった。エースはギリギリ間に合ったのだ。

第59回全国高等学校軟式野球選手権岐阜大会。全国大会への切符を巡る最初の関門だ。シード校のため2回戦の多治見北高校との戦いが初戦となった。

「うちは、いつも県大会が鬼門なんです。普段通りにやれば勝てるはずの試合も落としてしまうこともあって……。やっぱり最後の夏の緊張だとか、負けられないというプレッシャーだとか。だからこの県の入りというのを、私はすごく大事にします。県の初戦にすべてを懸ける感じですね。ですから、どんな相手でもベストメンバー、エースを絶対に使います」

平中の心配は杞憂《きゆう》に終わった。終わってみれば7－0の8回コールド勝ち。問題は次戦、松井の次兄・健人がかつていた多治見工業高校との戦いだった。

復調したはずのエースが打ち込まれ、まさかの4失点。マエケン型フォームを身に付けたとはいえ、松井が本来のポテンシャルを取り戻すには、まだ時間が必要だったのだ。

「今思えば、この時のピッチングと全国大会のそれとでは、月とスッポンぐらい違うんです。4点も先制したから大丈夫だと思っていたら、連打連打連打を浴びて一挙に4失点。あれだけ打たれた松井は初めて見ました」

ボロボロのエースを野手陣が救う。打線が爆発して計8得点。ダブルスコアで東海大会への切符を手にした。

常勝！　平中軍団

エースの不調と打線の奮起。スリル満点の県大会を潜り抜けた平中軍団は、全国大会出場を懸け、第59回全国高校軟式野球選手権東海大会に臨んだ。全国大会への切符を巡る最終関門。ここで負ければ、松井たちの夏も終わる。

期するものがあった。中京は２０１１、２０１２年と全国を二連覇したのだが、２０１３年、つまり全国三連覇を期待されていた昨年、東海大会でよもやの一回戦敗退。日本一という天国から、地区予選落ちという地獄へと突き落とされていたのだ。当時二年生だった松井も悔し涙に暮れた一人だ。

「本当に悔しかったです。この悔しさを晴らすにはもう一度、日本一になるしかないと思って、必死で練習してきました」

雪辱を胸に挑む２０１４年度の東海大会。しかし、エースの不調と合わせて平中を悩ませたのが日程だった。

「8月3、4、5という大会日程なんですが、三日間連続、つまり三連チャンだったんです。先代監督の角先生の頃から〝四連投できるのが中京のエース〟という伝統があるんですが、この時の松井には求められません。三連投も難しい。だから松井は初戦を回避させて、準決勝と決勝を投げさせる計画にしました」

迎えた高田高校（三重）戦。マウンドを任された伊藤と小川は無失点の好投で責任を果たす。そして打ちも打ったり10得点で5回コールド勝ち。

準決勝の緑高校（愛知）戦でエース松井を投入。結果は8－2と打撃の好調さが際立った。

決勝は大同大大同高校（愛知）。この試合で松井はノーヒットノーランを達成する。1回のショートエラーによるランナーの出塁を許したのみの準完全試合だった。

「やっと自信を取り戻せてきたかな、と」

松井は確かな復調を実感した。

2年ぶり19回目の東海大会優勝。第59回全国高等学校軟式野球選手権大会への出場決定。平中は松井の復調と同じかそれ以上に、打線に手応えを感じていた。松井がノーヒットノーランを達成する一方で、野手陣が打ちまくっていた。8－0というワンサイドゲームを作っていたのだ。

「今年は行けるぞ……行くぞ……！」

平中は完璧な結果を記したスコアボードを見ながら、うんうんと何度も頷いた。エースは完調ではないものの、確実に復調してきている。そして打線はそれを補って余りある破壊力を秘めている。平中が掲げる『1点を死守して守り勝つ野球』とは様相が違うが、全員野球を実践できていることは間違いない。

選手たちは過酷な練習によく耐え、必死で食らいついてきた。日本一苦しい思いをさせてきた自負と責任がある。だからこそ、どんな相手が来ようとも、どんな戦いになっても、負けない。負ける気がしない。

第二章

不敵な挑戦者

崇徳の色

崇徳高校は、広島県広島市西区楠木町に位置している。広島市街地の喧騒から距離を置く楠木町は、住宅街の合間に町工場や寺院が点在する静かな町である。学校の目の前には旧太田川が流れ、川岸は春になると桜の名所となる。

浄土真宗の宗祖・親鸞聖人の教えに基づく「崇徳興仁《そうとくこうにん》（徳を尊び、思いやりの心を培い、修養に励んで、礼義を重んじる）」を教育理念に掲げる同校の歴史は古い。創立は139年前の1875年（明治8年）。広島県内で4番目の古さにあたる。歴史と伝統を持つ、私立中高一貫制の男子校である。

1973年（昭和48年）創部と、軟式野球部の歴史もまた古い。1995年の初出場以降、全国大会進出を五度経験。2002年には国体で優勝している。高校軟式野球界における位置づけとしては、古豪という表現がしっくり来る。

ちなみに、オリックスの黄金期（95年、96年）にローテ入りしていた小林宏は崇徳軟式出身。広島経済大学に進学してから硬式に転向している。

樽本秀幸《たるもとひでゆき》は崇徳高校を卒業後、大学で教員免許を取得して母校へ戻ってきた。1996年から軟式野球部の部長を務め、一年後の秋には監督に就任。以後13年間にわたって指揮を執り、全国大会ベスト8と国体優勝という実績を残している。

「2001年にも全国大会に出たんですが、一回戦負けでした。その時の相手が中京さんだったんですよ」

そう言って樽本は笑う。2010年に新監督へバトンを譲り、再び部長に就任して現在へ至る。

樽本はストイックな中京とは正反対の指導方針で、長年にわたりチームを率いてきた。

「一言で言えば、自由にのびのびと、ですね。もちろん挨拶を欠いたり、緩いプレーをするようなことは許しませんが。子供たちが自分たちで考え、自分たちで判断する。主体的に動くことが出来るように、というのは心掛けてきました」

樽本によって色づけられた〝崇徳カラー〟を引き継いだのが、2010年秋から監督を務める中河和也である。

「言うべきことは言いますが、基本的には自分で考えて、自分で判断できる選手に育って欲しいと思っています。指示を待っているだけの選手では、いざという大事な場面で判断を誤りますので。臨機応変の利く選手が理想ですね。それはいずれ社会に出ても大切なことですから」

巨人の剛速球

中河は小学二年生から中学三年まで軟式野球を8年間続け、高校では硬式野球に転じた。強豪ひしめく広島で激闘を繰り返したが、甲子園は遠かった。ピッチャー一筋の現役生活だった。

大学で教員免許取得後、崇徳学園に赴任した中河は、最初の2年間は中学の軟式野球部コーチを経験。その後、高校の軟式野球部へ異動した。

甲子園を目指し、硬球を握ってきた中河にとって、高校軟式の世界は未知の領域といってよかった。

「全く違う世界観で最初は戸惑いの連続でした。ランナー三塁で軟式は叩きにいきますよね。その発想自体が硬式の世界にはなかったので。コーチという肩書でしたが、逆に私のほうが生徒たちから教えられる毎日でした」

中学野球部で、新米コーチとして2年目の頃。中河の目を釘付けにするような新入生が現れた。中学一年生にして175センチを優に超える長身のピッチャー、重松勝実《しげまつかつみ》だ。

ズバン！　恐ろしく速い。これは中学一年生が投げる球では、ない。中学三年生がのけぞるような迫力。いや、高校生をも黙らせるような球威を持つ、驚異の13歳であった。

「ビックリしました。速くて重いんです。細かいコントロールはないんですが、とにかく速くて力強い。120キロは出ていたかもしれません」

1年後、高校の軟式野球部のコーチとなった中河だったが、重松の豪球は脳裏から離れなかった。廊下などですれ違うたび、

「高校に上がったら軟式をやれよ。待ってるからな」

と声を掛けた。熱烈に口説くわけではない。すれ違いざまに笑みを交えて、だ。

「あれだけの速球を持っているんだから、硬式に進むんだろうなぁと思っていましたので」

3年後。監督となった中河の前に、重松が現れた。

「硬式じゃなくて、軟式やるんか？」

「あ……はい」

中河はひとしきり驚いた後、じわじわと込み上げてくる喜びに浸った。新人監督として悪戦苦闘する日々。軟式野球の硬式とは違う難しさ、奥深さを痛感させられる日々の中で、とびきりの逸材が入部してきたのだ。身長はさらに伸び、180センチを軽く超えていた。

背が伸びるのと比例して、球速も上がっていた。ゴウン！　唸りを上げる剛速球。

「いや嬉しかったですね。高校に上がった時点で確実に130キロぐらいは出ていたでしょう。これで3年後、日本一になれると、本気で思いましたね」

中河にバトンを渡し、部長としてチームを牽引していた樽本も断言する。

「崇徳の軟式野球部を18年間見てきましたが、間違いなく一番速いです」

ただし、中河と樽本には懸念材料がひとつあった。大きな体の重松だが、気がとても小さいのだ。根が優しいせいか、いまいち闘争心に欠けるところがある。

ピッチャーは、特に強気が要求されるポジションだ。打てるもんなら打ってみろ、という気迫。ピンチでも動じない強心臓。根拠があろうとなかろうと、なぜか自信満々。ふてぶてしいくらいの性格の持ち主こそが、ピッチャー向きなのだが、重松はおよそ正反対なのである。

口数少なく穏やかで控えめな剛速球の持ち主。そんな重松とはまるで正反対の男が、まもなく中河の前に現れる。

二人目の投手

その生徒は、ポケットに手を突っ込んだまま、中河の目の前に現れた。

「あのう、入りたいんすけどぉ」

中河は目を疑った。

「ちょ、おまえ……」

両手をポケットに突っ込んだ軟式野球部への入部希望者。中河はふてぶてしさに憤慨《ふんがい》しながら、まじまじとその新一年生を見つめた。不良という出で立ちではない。身長は160センチくらいだろうか。そして華奢《きゃしゃ》だ。

「おまえ、ちょっと考えろ。なんやその態度は！　入部は認めん!!」

中京の平中と同じく、野球を通した人間育成を標榜する中河にとって、それは言語道断の態度であった。仮にずば抜けた能力があったとしても、認めるわけにはいかない。選手である前に、一人の人間としてどうか、なのだ。もっとも追い返した小柄で華奢な新一年生は、才能溢れるルーキーなどとは中河の目に映らなかったのだが。なにしろ巨大な次期エースがすでに存在しているのだ。

後日。その生徒は再び中河の元へやってきた。ポケットに手は突っ込まれていない。

「入りたいです。お願いします」

非を認め、出直してきた生徒を追い返すことは出来ない。

「いいだろう」

中河は入部を認めた。

その少年、石岡樹輝弥は、1996年（平成8年）6月19日、広島県安佐南区《あさみなみく》で産声を上げた。

二人の兄と姉がいる。末弟の樹輝弥は、兄二人がやっていた野球に興味を覚えた。中京の松井大河と非常に似たパターンだ。

当時4歳の樹輝弥が懸命に投げたビニールボールを、8歳上の長兄と6歳上の次兄は容赦なくプラスチックバットで打った。

小学6年生に特大ホームランを放たれ、4年生の次兄から強烈なピッチャー返しを喰らい、保育園児の樹輝弥はボロボロ泣いた。

「悔しゅうて悔しゅうて」

負けたくない。もっと上手になりたい。その一心で、泣きながら家の前で壁当てをした。暇さえあれば壁当てを繰り返した。この頃の幼児体験が、のちの石岡を無類の負けず嫌いに仕立て上げた。

「球が速うなった、速うなった！　こいや、こいや！」

特訓の成果を試そうと、何度でも兄たちに挑戦状を叩きつけ、例外なく返り討ちにされた。樹輝弥は暇さえあれば壁当てを繰り返し、挑戦し、泣いた。

やっと小学校に上がっても、8歳差と6歳差は永遠に埋まらない。小型犬とライオンの構図は変わらない。長兄の史亘《ふみのぶ》が当時を懐かしむ。

「家の目の前が老人ホームなんですよ。ちょっとでも高めに投げたら、ガラスにバリーンです。ガラスを割るのはもちろん、じいちゃんばあちゃんにボールが当たって職員の方に怒られたり、車も凹ませたり……」

母・久枝《ひさえ》はそのたびにお詫びと弁償に追われた。それでも腕白三兄弟は止めるはずもなかった。

「おまえの気持ちが足りんけぇ、俺らが打つんじゃ。思い切り投げてみいや！」

次兄の省悟《しょうご》が叫ぶと、樹輝弥は半泣き状態で、やぁーっと投げてガラスをバリーン。

「バカじゃけんね。あんなことばっかりしよった。近所では〝また石岡の子じゃ〟って」

振り返る久枝は、言葉こそ怒ってはいるが、顔は笑っている。

奔放

「保護者同士、ラインで連絡を取っているんですけどね。西中国大会の時に雨が降ったんですよ。中止じゃろうか、中止じゃろうねぇ、とりあえず家で待機するか、なんてチマチマした会話が続いているから一喝してやったんですよ。えーけ、はよ出えや！　って。アハハハハ！」

保護者会の会長も務める石岡の母・久枝はよく笑う。底抜けに明るく、威勢がいい。もう豪放磊落《ごうほうらいらく》という表現でも大袈裟にはならないだろう。インタビューでもそのパワーに圧倒されてしまった。

延長50回を投げ抜いた石岡を、この豪快な母はどう育ててきたのか？　好奇心を抑えられず、矢継ぎ早に聞いた。

「特に何も言いません。のびのび自由にさせました。子供たちに〝勉強しなさい〟なんて一回も言ったことありません」

父・直樹も同じだった、と長兄の史亘、次兄の省悟も口を揃える。

「俺も家におったら〝子供は外で遊べや〟って、怒られましたからね。どうかしとる」

樹輝弥の姉・奈々が友人たちとカラオケに行った際のことだ。夜も更けてくると、それぞれの母親たちから娘たちに「何時に帰る？」と電話やメールが入る。奈々のケータイだけがついに鳴らなかった。

「電話がないのはうちだけじゃ。何で電話してくれんかったんね！　心配じゃないん？」

久枝はケロリとして答える。

「いや、帰って来るけ、ええじゃん」

放任主義とは、こういうことを言うのだろうか。逆に〝これだけはやっちゃいけない〟という戒めや約束事はあったのだろうか。

「ひとつだけですね。人をいじめたり、責めたりしてはいけない。これだけです。あとは自由。アハハハハ！」

家宝

「俺ら兄弟は、じい、ばあがおったから野球をやってこれた」

長兄が言う。

「じいは、まるでストーカーじゃった。北海道で大会があったら北海道、愛媛に遠征なら愛媛、俺らより先に現地に到着しとる」

「練習試合でも、気が付くとおるんですよ」

次兄が笑う。

兄が二人いるという点、そして祖父母にかわいがられたという点も、石岡樹輝弥と松井大河の共通事項だ。

祖母の信子はパーキンソン病を患ってからも、常に孫たちの野球のことを気に掛けていた。次兄の省悟と樹輝弥は見舞いに訪れるたびに号泣するのだという。

「認知症が進んどるけ、俺と史亘兄を間違える。それは心が折れます。あんなに元気だったのに。辛いです」

樹輝弥はそう話すそばから、目をウルウルさせている。ひとたびグラウンドに足を踏み入れれば、常に笑顔を絶やさず、「カッコ悪いから」と絶対に涙など見せない樹輝弥が、祖母の前ではボロボロと涙をこぼすのだ。

久枝が言う。

「主人方の祖父母なんですけどね。おじいさんなんかも昔気質の人で。国鉄公務員をやっておった人じゃけ、堅い堅い。頑固一徹。孫たちのことを応援はするんじゃけど、絶対に褒めたりしない」

そんな堅物《かたぶつ》の祖父・與一《よいち》が初めて目を潤ませたのは、今年２０１４年の夏だった。樹輝弥が全国大会出場を決めた西中国大会のウィニングボールを渡した時だ。最初は「いらん」と受け取らなかったが、孫が無理矢理に渡すと、

「なんのボールかわからんようになるけん、書いてくれ」

樹輝弥は汚いひらがなで、

『にしちゅうごく　けっしょう　しょうり　いしおかじゅきや』

と書いた。樹輝弥が帰った後、祖父は次兄に向かってしみじみと呟いた。

「おい、省悟。これは家宝じゃのう」

石岡は全国大会で勝ち進むたびに〝サインボール〟を渡した。與一は言ったものだ。

「おい。優勝のボールくれ」

やーなーぎーたー

「うちは三兄弟全員が野球をやってたんですけど、樹輝弥の才能とセンスは俄然一番でしたよ」

長兄・史亘の言葉に次兄・省悟もうんうんと頷く。男兄弟が揃って野球をやっていれば「俺が一番上手かった」と主張し合って譲らないのが自然だろう。しかし、瀬戸内高校に進学し甲子園を目指した史亘も、益田東高校に進んで同じく甲子園に懸けた省悟も、潔く末弟の野球センスを認めるのだ。

「悔しいも何も、ちっこいくせにポンポン打ちよったんですから。認めるしかない」

それに、と史亘は言葉を継ぐ。

「樹輝弥には、いいコーチがいっぱいおったから」

長兄・史亘の瀬戸内高校時代の同級生に、延江《のぶえ》大輔がいる。2006年、オリックス・バファローズに高校生ドラフト1巡目で指名された長身のサウスポーだ。延江は樹輝弥をかわいがり、カーブを教え込んだ。

早稲田大学野球部第17代監督・應武篤良《おうたけあつよし》の甥、應武龍吾《りゅうご》はスライダーを伝授した。

福岡ソフトバンクホークスの、そして侍ジャパンの不動の一番打者、柳田悠岐《やなぎたゆうき》もまた、樹輝弥をかわいがる、史亘の友人の一人だ。

柳田と樹輝弥の関係性を表すエピソードの数々は、石岡樹輝弥という投手の内面を垣間《かいま》見せてくれる。

「柳田とは広島経済大学時代の同級生で、家の方向も一緒だったんで、しょっちゅう家に遊びに来るんです。今でも毎年正月は、あいつはうちで過ごすんですけど」

2010年10月29日。前日のドラフト会議でソフトバンクから二位指名を受けた柳田は、石岡宅に遊びに来ていた。

「やなぎたー。何しに来たんや」

言葉とは裏腹に樹輝弥が笑顔で出迎える。8歳上の長兄の同級生たちに対して、基本的には全員呼び捨てだ。悪気がないため彼らはそれを許し、むしろ愛着を抱いている。

「おい、サインもらっとくなら今やぞ～」

「いるかぁ。入ったばっかりで、これから活躍するかせんかもわからんのに」

柳田は生意気な〝弟〟がかわいくて仕方がない。

２０１３年の正月。毎年恒例で柳田は石岡宅にやってきた。すでに活躍し始めていた柳田に樹輝弥が言う。

「おい。サインちょうだいよ」

「おまえには絶対書かん！」

カープ対ソフトバンクの交流戦を観に行った際のエピソードも楽しい。樹輝弥はソフトバンク側のベンチ近くまで降りていき、ネット越しに柳田の姿を確認した。

「おい、柳田、おい、柳田」

独特の低い声で何度も繰り返すが、聞こえていないのか、ネクスト・バッターズ・サークルの柳田はこっちを振り向かない。困った弟は長兄に電話する。

「振り向いてくれん」

「もっと声掛けてみいや」

樹輝弥はさっきよりも大きな、ドスの利いた野太い声で、

「やーなーぎーたー。おい！　やーなーぎーたー」

振り向かない。

「やーなーぎーたー。フミの弟じゃ!!」

ギョッとしたように、柳田が振り向く。ベンチ内がざわつき始めた。松中、内川らが

口々に言う。

「あれ、高校生だろ？」

「高校生であれか。広島、ガラ悪いなぁ」

柳田は顔が真っ赤になった。


2014年の正月。柳田は石岡宅を訪れていた。

「おう、ジュキ。投げてみいや」

今やスター選手として確固たる地位を築いた柳田が、樹輝弥を家の裏庭へ誘った。

「俺はプロアマ規定があってバット振れんけど、球筋見ちゃるよ」

樹輝弥は全力で投げた。見ている史亘がハラハラするような、ギリギリのインコースを容赦なく何度もだ。石岡はこの時のことを振り返ってケロリと言う。

「当ててやろうと思って、インコースにバンバン投げてやりました」

日本球界の宝が相手であろうと、全く物怖《ものお》じなどしない。その図太さもまた柳田は好きなのだ。

久枝が言う。

「樹輝弥は物心ついた頃から、野球野球野球です。周囲にも恵まれた。こんな環境に育てば、そうなるでしょうね」

柳田をはじめ、極めてハイレベルな野球人たちが常にそばにいた。戯れも含め、そうした得難い環境は大いに石岡樹輝弥を刺激し、野球の感受性を高めてくれたことは疑いようがない。

帯状疱疹

石岡は小学四年生でクラブチームへ入った。久枝が事情を打ち明ける。

「三兄弟が全員クラブチームに入ってしまうと大変なんです。保護者代表もしていたから、主人と手分けしても上の二人で手一杯。だから樹輝弥には、チームに入るのを小四まで待ってもらった形です」

『安佐《あさ》クラブ』

兄二人も所属していたこの地元のクラブチームで、石岡の本格的な野球生活が始まった。久枝が言う。

「安佐クラブの〝安佐〟は、安佐南区という意味です。で、この安佐南区にはいろいろチームがあって、すごい激戦区なんです。区大会、市大会、西部大会とあって、それを抜けたら県大会に行けるんですけど、安佐南区を通り抜けたら県で優勝できるって言われてます」

安佐南区内のチームはどれもスパルタで知られているが、中でも『安佐クラブ』は特に厳しかったという。子供たちは、ユニフォームの青に負けないくらい頭を青々と剃り上げ、凄まじい練習量をこなした。週四日間。16時から始まる練習は外灯を灯して20時過ぎまで続いた。土日に至っては早朝から日が暮れるまで。

石岡は生来の負けず嫌いを発揮して必死で喰らいつき、頭角を現していった。練習が休みとなる月水金は、ひたすら一人で壁当てを繰り返した。

もっともっと上手くなりたい。兄たちを見返したい。黙らせてやりたい。全力で投げた球をいとも簡単に打ち返された4歳の頃の記憶は、寸分も色褪せずに石岡を突き動かしていた。

しかしあまりにハードな野球漬けの日々は、心身共に10歳の石岡を追い詰めていた。帯状疱疹《たいじょうほうしん》になってしまったのだ。余程のことだ。

『帯状疱疹』とは帯のように水ぶくれが出来る、激しい痛みを伴う皮膚病である。帯状疱疹ウイルスの感染で引き起こされ、ストレスや過労などで体の抵抗力が低下した際に発症する。

さすがに母の久枝が動いた。

「監督。実はジュキね、今日病院に行ったら帯状疱疹だって言われたんですよ」

子供たちから〝鬼〟と恐れられる山田監督が石岡を手招きする。

「そうか、ジュキ、それは痛かろうが。見せてみい」

山田は服をめくり上げて確認すると、涼しい顔で言い放った。

「おまえがおらにゃ、勝てんけんのう。よし！　アップして来い！」

豪快な久枝が口をあんぐりさせた。

罹患《りかん》したことがある方はおわかりだろうが、帯状疱疹のピリピリとした疼痛《とうつう》は相当辛い。2014年10月。新入幕で優勝争いを演じた〝怪物〟逸ノ城が、場所後に帯状疱疹を発症し、七日間の入院を余儀なくされている。しかし、山田は小学四年生の石岡に、練習を休むことすら許さなかったのだ。スパルタぶりを語る上では、これ以上ないエピソードだろう。


山田はまた極めて高度なテクニックを選手たちに要求した。安佐クラブOBの史亘が言う。

「監督はノーヒットでどうやって点取るかという野球を目指していたんですよ。1－0で守り切る野球ですよね。フォアボールで出て、走る、バントする、スクイズすると。そのためにかなりハイレベルで緻密な練習を徹底させていましたね。だって〝ストライク・スクイズ〟を小学生にやらせるんだから」

ストライク・スクイズとは、ボール球には手を出さず、ストライクゾーンにきた球だけをスクイズし、ランナーはスクイズされてボールが転がるのを確認してスタートを切るという高度なテクニックのひとつだ。甲子園を本気で目指す強豪校であれば練習メニューに取り入れるだろう。

史亘は高校に上がって硬式を始めた頃、久枝に向かってこう言った。

「母さん、やっぱり山ちゃん（山田監督）はすごいわ。今になって俺、山ちゃんの言ってた野球理論がわかった。当時はワケがわからんかったけ、それを小学生のうちに教えてもらっとったのは良かったと思うわ」

そして三男坊の樹輝弥もまた、高校生になって長兄と全く同じことを久枝に言ったというのだ。

崇徳軟式野球部の中河監督、樽本部長が石岡を評して口を揃える。

「石岡は本当に野球を知っている子だ」

と。その礎《いしずえ》は、安佐クラブ時代の山田監督に叩き込まれたものなのだろう。

山田の鬼指導は石岡の野球センスを開花させた。史亘と省悟の頃には激戦区である安佐南区の区大会を突破できなかったが、キャプテンを任された樹輝弥は三度にわたってチームを県大会優勝へ導いた。

普段はセカンドでレギュラーを張っていたが、ノーアウト満塁の場面では何度となくリリーフを任された。石岡はそのたび、まるでピンチを楽しむかのように笑みを浮かべてマウンドに上がった。意表を突く配球で相手を翻弄《ほんろう》して危機を脱すると、一層の笑顔を浮かべてマウンドを降りた。

久枝は我が子ながら、そのマウンド度胸に舌を巻いた。

「あんた、ドキドキせんの？　怖くないいん？」

「監督が1点は仕方ない、言うけぇ。でも抑えてやろうと思う。だったら抑えればええ」

息子は飄々《ひょうひょう》と答えたものだ。

小さな赤ヘル

安佐クラブに石岡あり——。その名が県内に轟き始めると、石岡は横浜選抜に選出された。

一般社団法人　神奈川県少年野球交流協会が主催する全日本選抜少年野球交流大会（通称・横浜選抜）は、２０１４年度で第36回を迎えた、歴史ある大会である。日本各地の優秀な野球少年たちが選抜され、それぞれ広島代表、東京代表、大阪代表といった具合に故郷を背負って戦う。大会が行われる神奈川に集う少年たちは、将来的に甲子園やプロ野球で活躍する可能性を持った、いわゆる野球エリートたちだ。

石岡は広島代表チームに選出された。チームメイトには、正随《しょうずい》優弥《ゆうや》がいた。

「スイングが他の子とちょっと違っとった」

石岡を驚かせた少年は後に、２０１４年夏の甲子園で大阪桐蔭高校の堂々４番に座り、優勝の立役者となった。

石岡の評価は試合ごとに大きくなっていった。極めつけは〝広島東洋カープ・ジュニア〟への抜擢だ。

ＮＰＢ12球団ジュニアトーナメント。特別協賛によりＥＮＥＯＳ ＣＵＰ（エネオスカップ）と呼ばれる同大会は、日本野球機構（ＮＰＢ）及び同機構に属するプロ野球12球団が主催する少年野球大会の最高峰である。

12球団ごとに小学５、６年生を中心としたジュニアチームを結成。３チームずつ４グループに分かれてグループリーグを戦い、各１位の計４チームが決勝トーナメントに進出し、王者を決する。いわば少年野球界の日本シリーズである。

この大会に集結した子供たちは、各都道府県で名を馳せる猛者揃いだ。過去の出場選手記録を紐解くとわかりやすい。

東北楽天ゴールデンイーグルスの次代のエース、松井裕樹は元横浜ベイスターズ・ジュニアの二番手ピッチャー。埼玉西武ライオンズから1位指名を受けた森友哉《ともや》は元オリックス・ジュニアだ。横浜ＤｅＮＡベイスターズの強肩、高城俊人《たかじょうしゅうと》は元福岡ソフトバンクホークス・ジュニア。二軍選手や甲子園出場選手などに関しては、ここでは書き切れない。

石岡は２００８年度の広島東洋カープ・ジュニアに選出され、７番セカンド（兼三番手ピッチャー）としてレギュラー出場を果たした。

「生意気に、まるでプロ野球選手と同じ扱いを受けてましたよ」

久枝が、大会が開催された札幌ドームへ出向いた当時を振り返る。

監督は〝精密機械〟の異名を取った元広島東洋カープの絶対的エース、北別府学。選手たちにはミズノ製のプロ球団とほぼ同じユニフォームが支給された。

「宿舎は札幌プリンスでね。親たちは何もさせてもらえん感じでしたよ。洗濯も全部クリーニングで、朝起きたら真っさらなのが届いとる」

試合が始まると、応援に駆け付けた長兄の史亘は息を飲んだ。小学6年生で１２０キロオーバーを投げる子供がゴロゴロいる。広い札幌ドームのフェンス直撃弾を放つ、バケモノのようなパワーの持ち主もいる。石岡も思わず驚きの声を上げた。

「プロってこういうやつらがなるんだな……」

と同時に、

「俺、全然負けてないわ」

とも思っていた。

結果は、阪神ジュニアに勝ったものの横浜ジュニアに負けた。「残念やったね」と声を掛ける久枝に向かって息子は憮然として言ったものだ。

「県大会三つも取った俺に先発させせんけん、負けるんよ」

その言葉は決して強がりではなく、説得力を伴っていた。実際に石岡はセカンドとして好プレーを連発していたのだ。

ファインプレーが出た際、札幌ドームの電光掲示板に〝FINE PLAY〟の文字が躍り、リプレイが流れる。そうそう出ないものだが、石岡は二度にわたって紹介された。

翌年の特製ポスター。大会で活躍した選手の好プレー場面の写真が掲載されるのが常だが、そこには石岡の勇姿があった。久枝が誇らしげに言う。

「あの子は物に執着がないけぇ、どうでもいいんでしょうけど。私が壁に貼りました。今でも貼ってあるんですよ」

石岡家の乱

小学校卒業が日に日に迫る六年生の冬。樹輝弥は久枝に向かってしみじみと言った。

「俺はもう無理じゃ。もう野球は続けられん。俺はもう尽くした……」

帯状疱疹が休む理由にならないほどの、安佐クラブでのスパルタ猛特訓。キャプテンとしての重圧。その果ての県大会三度制覇。横浜選抜、エネオスカップなどへの度重なる遠征……。

樹輝弥は疲れていた。まるで野球が〝仕事〟のようになって、勝利が義務化されたような毎日。もう嫌だ。もう疲れた。

樹輝弥は12歳にして、「もう野球はやり尽くした」と口にするほど、野球生活に燃え尽きていた。大好きな祖父母を寂しがらせるとしても、それでももう限界だ。

中学で野球を続ける気はない――。

息子の発言に母は慌てた。子供たちを自由かつ放任主義で育ててきた久枝が、待ったを掛けたのだ。

「何かスポーツはせにゃあ。区切りで中学三年まで野球しんさい」

久枝は息子の可能性を惜しんだ。三兄弟の中でもずば抜けた才能を持つ末っ子が、12歳にしてその道を自ら閉じてしまうのは、あまりにも惜しかった。

久枝は嫌がる樹輝弥の手を引いて、リトルシニアの体験入部へ何度も出向いた。

息子は母の説得に折れた。リトルシニアにこそ入らなかったが、地元の安西《やすにし》中学校の野球部へ入部した。

石岡は一年生からショートでレギュラーになった。二年生で先発を任されることが多くなり、三年生で正式にエースとなった。

「キャプテンやらされるくらいなら、野球を辞めたい」

と、当初こそ頑《かたく》なな態度を見せたが、エースでキャプテンというチームの要として活躍し、野球部として初めての賞状を学校へ持ち帰った。

石岡の負った心の傷は徐々に癒えていった。最高成績は市大会ベスト4に止まったが、のびのびと野球を楽しむことが出来たのだ。県大会を三度制覇した小学生時代に比べれば、物足りなさは否めなかった。負けず嫌いの石岡は、悔しい思いを何度もした。しかし、気のいい仲間たちとの時間は何物にも代えがたい楽しい時間だったのだ。

安佐クラブは勝つ喜びを味わわせてくれた。安西中学校野球部は野球の楽しさを実感させてくれた。どちらかを選べない、と石岡は言う。

「のびのびと楽しんで、しかも勝つ。これが理想です。最高ですよ」

中学卒業を間近に控え、父の直樹は三男に硬式への進路を薦めるようになった。我が子の才能と可能性を生かしたい。親心だろう。

甲子園で数々の実績とドラマを創り出してきた高校野球王国・広島。その県内のほとんどの強豪校から声が掛かっていたのだ。

「うるさいんじゃ！」

石岡は反発した。小学校卒業時の記憶が甦った。年頃的にも反抗期に差し掛かっていた。

ところが父の主張に、次兄も加勢するようになった。省悟が当時の思いを振り返って言う。

「僕は自分が高校で硬式野球をやって、すごい良い経験をしたっていう思いがあるので、どうしても硬式をやって欲しかったんです。しかも樹輝弥には才能があるし、可能性もあるから」

樹輝弥は久枝に助けを求めた。

「まあ、うちはジュキが好きなようにやればええと思うけど。でも、やっぱ硬式やったほうがええかねぇ」

「ああそうかい。おまえも敵かい」

1対3。追い詰められた三男に救いの手を差し伸べたのは長男・史亘だった。

「ジュキの好きなようにさせちゃれ」

史亘の助け舟に、三人の連合軍が反発する。長兄は三男の防波堤になって応戦する。

「やりたいようにやらせればええじゃん。中途半端な気持ちで硬式をやっても、こいつが潰れるだけじゃ。好きにさせてやれえ！」

史亘が言う『石岡家の乱』勃発である。姉の奈々が静観する中、乱は日々激しさを増していった。樹輝弥は学校から帰ると、争いを避けるためにすぐに二階へ避難するようになった。

「めっちゃ考えたんですよ。友達にも相談して。ただ自分の性格は知ってますから。硬式に入ったら自分はプライドが高いから絶対に途中では辞めないなと。だから辛かったんです。でも悩んでいる最中に三人の敵からバーッて言われたら、腹立ちますよ。もう絶対に硬式なんかやるもんかって」

4月。崇徳高校に入学した石岡は、軟式野球部の監督の元へ入部希望の旨を伝えに行った。両手をポケットに突っ込んで。

その態度に憤慨した監督の中河は入部を許可しなかった。硬式をやる気はもうない。かといって野球を辞めてしまいたくはない。嫌いになったわけではない。大好きなのだ。

のびのびと楽しんで、しかも勝ちたいのだ。

石岡はもう一度、ポケットから手を出して監督の元を訪れた。大好きな野球を続けるために。

優子

崇徳の選手たちは皆、石岡に負けない強烈な個性の持ち主ばかりだ。そんな奔放な選手たちを束《たば》ねるのが、キャプテンの松田英司《えいじ》である。

松田は小学一年生の頃、地元の軟式野球チームに入った。『中島スポーツ少年団』は県内でも強豪のひとつに数えられる強いチームであり、それゆえにスパルタであった。

「監督が物すごく熱い人で、ぬるいプレーをしていたら厳しい喝《かつ》が飛んできました。でも愛情のある叱り方だったので、僕の親も何も言いませんでしたね。僕も当時は怖くて嫌でしたけど、今では良い監督だったなと素直に思えます。今回の全国大会が終わった後にも、慰労会みたいなものを開いてくれて」

熱血監督率いる中島スポーツ少年団ではあったが、どうしても勝てない相手がいた。石岡を擁する安佐クラブだ。

「めちゃくちゃ強かったです。当時は、広島で1、2を争うチームでしたからね。9回対戦したんですけど、8回負けました。最初の対戦で自分たちが勝ったんですが、その後8連敗です。お手上げでした」

チームは、石岡をどうしても打ち崩せなかった。

「石岡は有名でしたよ。でも、あいつは背も低かったし、細かったし。小学生だから見た目に引きずられて、最初はみんなナメてかかるんですよ。でもいざ投げると、球は伸びてくるし、コントロールもいいしで、みんな驚くんですよ」

石岡に封じ込まれる打線の中、唯一、松田だけが相性が良かった。

「小学校の時、樹輝弥はサイドスロー気味だったんですよ。それが僕にはすごく合っていたんです。初球で先頭打者ホームランもありました。試合自体は10対1で負けて、話になりませんでしたけど」

松田は中学3年間も部活で軟式野球を続け、崇徳高校へ進学した。

「野球自体は続けるつもりでしたが、最初から硬式に進むつもりはありませんでした。もう厳しい野球は嫌だったんです。もっと楽しんでやりたかったし、髪も切りたくなかったし……そもそも高校硬式の練習にはついていく自信もなかったんです。喘息持ちで、体力が全然ないほうだから……」

松田は軟式野球部に入部した。小学生の時以来で石岡との再会も果たした。ところが松田は入部した翌日には辞めてしまった。

「全然想像と違って、厳しそうで……」

硬式と変わらないハードな練習風景が、松田の甘い考えを粉砕したのだ。小中と9年間続けてきた野球を〝失った〟松田は「成長も刺激も何もない毎日を過ごして」いた。

高校で再会した石岡、そして友人の百間聖悟《ひゃくましょうご》、長尾賢志《けんじ》らは皆、軟式野球部でイキイキしている。練習が思いのほか厳しいと愚痴をこぼしてはいるものの、結局はワイワイ楽しそうなのだ。

（俺、このまま何もなくて高校3年間終わるのかなぁ……）

授業中、ぼんやりと窓の外のグラウンドを眺めながら考える。

（つまんねぇなぁ……）

入学から、はや半年。夏休み明けの9月の始め。松田は退屈だった。


2012年9月8日。土曜日。松田は石岡、百間、長尾の3人を誘って、安佐南区の『広島ビッグアーチ』に来ていた。現在はネーミングライツで『エディオンスタジアム広島』と呼ばれる、Jリーグチーム『サンフレッチェ広島』のホームスタジアムだ。

この日、会場ではアイドルグループ『AKB48』の握手会が催されていた。松田は朝9時に並べば十分なところを明け方前の3時に出向き、警備員から「早すぎる」と注意されていた。メンバーである大島優子と「結婚したい」ほどの熱烈なファンなのだ。石岡、百間、長尾の3人はそのことを知っていて付き合ってくれた形だった。

長蛇の列の中、4人の順番がいよいよ回ってきた。松田は4人中4番目。トリだ。3人の協力者はサポートに徹した。

百間「英司をよろしくお願いします」

石岡「英司をよろしくお願いします」

長尾「英司をよろしくお願いします」

松田「英司です」

松田は大島優子の目の前に立った。

「じ、自分はいま野球をやっていないんですけど、やったほうがいいですかね」

「……うーん。やったほうがいいんじゃないかな」

初対面の人間からいきなり問われれば、そう答えるしかなかっただろう。

「わかりました！　ありがとうございます！」

松田は意気揚々と会場を引き上げた。

10月。松田は半年ぶりに軟式野球部に戻った。再入部したのだ。

「練習量とか、もう軟式とは思えない厳しさでした。土手のランニングなんかも断トツでビリで。毎日しんどかったです」

喘息のせいもあって体力に難はあるが、元々素質はある。カープジュニアに選出された石岡に、苦手意識を抱かせるバッティングセンスの持ち主なのだ。

何より松田は仲間たちに好かれていた。根が真面目で、かと思うとアイドルに進路を委《ゆだ》ねるような面白さもあり、いつも彼の周りには人の輪が出来る。

新チーム体制に入った2013年秋。監督の中河は松田をキャプテンに据えた。部長の樽本が言う。

「選手たちから人気もあるし、信頼もされているんですね。選手としての能力も高いです。ただし怪我に泣くことが多くてね。でも決して腐らずにチームのために、みんなのために尽力できる子なんです。私は彼でなくてはキャプテンは務まらないと思います」

石岡が言う。

「リーダーシップがあってグイグイ引っ張っていくというタイプじゃないです。でも、みんなが付いていく。不思議と言えば不思議です。変わったチームですよ、うちら」

程よいスパルタ

中河は全国大会進出を懸ける夏の大会前、胃潰瘍《いかいよう》になった。29歳という若い監督にとって、日本一を摑み取るための戦いの日々は、相当なプレッシャーだったろう。かなり神経をすり減らしたはずだ。

「確かにそれはあります。ありますが、最も神経をすり減らしたのは、あまりにも個性的な選手たちのことですね」

中河が苦笑いで言う。奔放な石岡、不思議な松田、気が小さい巨人・重松らをはじめ、他の選手たちも曲者揃いだ。筆者は鈴木編集長と共に崇徳、中京の選手や関係者の多くに直接会い、話をしてきたが、中河に同情を禁じ得ない。教師という立場上、〝個性的〟という表現を使う中河だが、「まるで動物園ですよね」という編集長の表現に、中河は我が意を得たりと膝を打ち、爆笑していた。

石岡の母・久枝も、息子と自分自身を棚に上げて言う。

「確かに、今年のチームは個性的すぎる子が多すぎたかもしれん。一人っ子が多いんよ。百間に、松田に、高瀬でしょ。兄弟がいる場合でも末っ子だったりね。だから自己中というか、個性派なんかな。アハハハ！」

中河は私たち取材者に対し、共鳴者を得たという顔で続ける。

「彼らが入部してきた時に、樽本部長とこんな話をしていたんですよ。〝これ2年後、彼らが三年になった時には、とんでもないチームになりますね〟って」

個性と個性が奇跡的な化学反応を起こし、本気で日本一を狙えるチームになるのか。個性と個性が潰しあい、チームが崩壊するのか。中河は前者を信じ、胃をキリキリさせながら選手たちと向かい合ってきた。


高校に進学して野球をやろうという生徒は、八割かそれ以上が硬式野球部へ進路を取る。軟式野球希望者は少ない。

ではなぜ硬式ではなく、軟式なのか？　身近な先輩の活躍や兄弟の影響というのは当然ある。「競争率の激しい硬式よりも、楽しく野球をやりたいから」「中学を卒業しても野球は続けたい。でも硬式は厳しそうだから、軟式で」といった動機まで、様々だ。

「日本一を摑み取るため」という明確かつ崇高な志を抱いて入部する生徒は、残念ながらごく一握りだ。「甲子園へ」という夢を持つ硬式野球部員に比べれば、その数は圧倒的に少ない。

「厳しくなさそう……そう思って入部する子は確かに少なくないですね。でも入ってみて戸惑うんですよ。あれ、結構厳しいぞ、結構難しいぞ、って」

と、中河は言う。

恵まれすぎた体軀と剛速球を持つ重松は、実は「野球は好きだけど、甲子園を目指すゴリゴリは嫌だ。楽しくやりたい」と軟式野球部に入った。〝石岡家の乱〟を経て入部した石岡もやはり、スパルタに疲れて入部してきた一人。松田に至っては、一度辞めてから入部し直している。

軟式をナメんなよ――。

中河は監督就任にあたり、手を抜かないことを自分に誓った。そして就任1年目の練習試合をきっかけに指導方針を固めた。

「今はもう硬式しかないんですが、昔、山口県の大津高校という軟式の強い学校と練習試合をしまして。叩きの徹底、カバーリングの徹底がすごかったんです。これは見習いたいなと。打線は水物だと思うので、ヒットゼロでも1点をもぎ取るような野球が理想です。フォアボールで出塁して、盗塁して、叩いて。あとは鉄壁の守備で守り切ると」

中京の平中と非常に似た哲学だ。

「そうですね。中京さんと同じだと思います。1点を守り切る野球です」

中河は（守備6　走塁・バッティング4）といった配分の練習メニューを意識して選手を鍛え上げた。平中も言っていたが、軟式の練習、しかも1点を守り切る野球の練習は非常に地味だ。爽快感を求めがちな崇徳の個性派選手たちと日々ぶつかりながら、中河は信念を曲げなかった。

「今年のチームは、入学した時からわりと技術的に高い子たちが揃っていたんです。でも高校野球、特に軟式はそれだけじゃ勝てません。地味な作業をコツコツ積み重ねられる根気がないと無理です。それにはやはり、人間力だと思うんです」

やはり平中の唱える〝中京魂〟と、言っていることは同じである。中河もまた挨拶や礼儀、丁寧なグラウンド整備などを口酸っぱく言い続けた。

一方で中河は、個性は個性で生かしたいとも思っていた。部長の樽本が13年間にわたって監督として指揮を執り、築いてきた崇徳カラーの継承だ。自由にのびのびと戦う。指示を待つのではなく、自分で考え、自分で判断できる、臨機応変の利く選手。

中河はこの両輪の指導で選手を伸ばしていこうと奮闘した。監督の指導方針を石岡はこんな風に表現している。「程よいスパルタ」だと。実に言い得て妙である。

二枚看板

2年後ではなく、1年後に答えは出た。崇徳軟式野球部は化学反応を経て、とんでもないチームに成長した。

剛速球を持つ重松が二年生でエースナンバー「1」を背負い、抜群の伸びとコントロール、そして軽快なフィールディングを併せ持つ背番号「6」の石岡が、ピッチャーとショートを兼務。二枚看板が出来上がったのだ。速球で押せると判断すれば重松を。細やかなコントロールと軽快なフィールディングを要するとなれば石岡を。重松が剛なら、石岡は柔。中河は個性的な二人の投手を使い分ける特権を得た。

2013年夏。石岡が骨折した際には、重松が県大会を一人で投げ抜いた。全国大会出場を決する西中国大会の決勝では、広大福山に1-0で惜敗し、悔し涙を流したものの「来年は絶対に日本一を狙える」と中河は自信を失わなかった。

そして迎えた2014年の夏。個性派たちが入学してから2年後。〝チーム崇徳〟は爆発した。

第59回全国高等学校軟式野球選手権大会広島県予選大会。全国大会への扉となるこの大会で早速、二枚看板が機能する。

県大会準決勝で重松が先発。呉工業を相手に8回1失点。1点差で迎えた9回は、マウンド度胸抜群の石岡を抑えで投入して勝利した。

美しいリレーを見せた二人だったが、重松は実は夏の大会直前に肘を痛めており、万全ではなかった。この呉工業戦で勝ち投手にはなったが、以後は背番号1ではなく、背番号6の石岡が先発し、全面的に引っ張っていくことになった。中河としては、石岡によって全国への切符を獲り、全国大会では肘が癒えた重松と石岡とを使い分けていくという青写真があった。

県予選を突破した崇徳は、西中国大会に臨んだ。この大会で優勝すれば、念願の全国大会出場だ。

石岡は快調に飛ばした。柳井戦を2－0で完封。決勝の広大付属戦は、二年生の6番打者・島川幸希《しまかわこうき》がタイムリーを放ち、1－0で勝利。見事優勝を飾って、全国大会出場を決めた。

素直に喜びを爆発させる選手たち。中河もまた喜びを噛みしめながらも、今年のチームはここで満足するようなチームではない、日本一を勝ち取って大騒ぎできるチームなんだと自信を深めた。

燃える理由

崇徳が西中国大会で優勝し、全国大会出場を勝ち取った2週間後。8月19日夜半から20日明け方にかけ、広島市を記録的な集中豪雨が襲った。

高度経済成長期。マイホームへの憧れに応える形で急速に進んだ、安佐地区の山際の宅地開発。山の危険に気が付きながらも開発を推し進めた業者と、それに歯止めを掛けられなかった行政。40年以上の時を経て、大雨がその矛盾点を突いた。安全性の軽視と不運としか言いようのない天候。人災と天災とが相まって引き起こされた悲劇。土砂災害によって74名もの方々の尊い命が奪われてしまった。

崇徳の選手たちの中には、安佐南区の在住者が何人かいた。二年生の沖西佑太《おきにしゆうた》もその一人だ。

「眠ろうとしていたんですけど、もう雷とかすごくて寝付けなくて。朝起きてテレビを見て、うちの近所が土砂ですごいことになっていると知って……土砂災害が起きたところに、いとこが住んでいたんですが、無事でホッとしました」

沖西の自宅は土砂災害の現場から自転車で20分程の距離にあり、被害を免れた。重松の自宅も安佐南区内だが駅を挟んで反対側だったため、幸いなことに被害はなかった。

現在は西区に住む、安佐南区出身の石岡が言う。

「全国大会に向けて、みんなのテンションがどんどん上がってきた時に、あんなことがあって……選手たちも安佐南区に住んでるやつが結構いるんです。これ、もう俺たち絶対に頑張らんといかんと。気持ちがひとつになって、団結力が高まりました。いい試合をして、ちょっとでも明るいニュースを届けたいと思って」

8月23日に行われた壮行会で、キャプテンの松田がチームメイトの気持ちを代弁する形でスピーチをした。

「やっぱり自分たちに出来ることは頑張っている姿を見てもらうことだけなんで。それで、ほんのちょっとでも元気を与えることが出来たならと、すごく考えていたので。そう思ってスピーチしました」

全国制覇を目標に、厳しく地味な練習に耐えてきた。やっと全部吐き出せる。思い切り暴れてやる。そんな思いでいた矢先に起きた悲劇。崇徳の闘争心はさらに燃えた。燃えたまま明石へ乗り込んだ。

第三章

奇跡へのカウントダウン

本命とダークホース

2014年8月25日。

「宣誓　泥まみれになり、白球を追いかける姿は、人々に感動を与えます。どんなに高い壁でも仲間を信じ、乗り越えていく姿は、希望を与えます。頂点を目指し、ひたむきに戦うその熱い瞳が勇気を与えます。私たちは、厳しい戦いを勝ち抜いてきた各地区の代表という誇りを胸に、感謝の気持ちを込めて全力でプレーします。そして夢舞台明石で、今までやってきた努力の証を見せることを誓います」

中京のゴアツこと後藤敦也主将による選手宣誓で、第59回全国高等学校軟式野球選手権大会が幕を開けた。

出場校は各地の予選を勝ち抜いた16校。

どの高校にも優勝のチャンスはある、というお決まりの文句を割愛《かつあい》し、出場回数の実績で見ていけば、優勝候補はおのずと絞られてくる。

［第59回全国高等学校軟式野球選手権大会 代表校］

地区	都道府県	学校名	出場回数
北海道	—	北海道尚志学園	5年ぶり11回目
北東北	秋田	能代	3年ぶり15回目
南東北	宮城	仙台商	5年ぶり12回目
北関東	栃木	作新学院	2年ぶり27回目
南関東	神奈川	三浦学苑	初出場
東京	—	早大学院	2年連続3回目
北信越	長野	上田西	3年ぶり3回目
東海	岐阜	中京	2年ぶり19回目
近畿	和歌山	南部	19年ぶり2回目
大阪	—	河南	34年ぶり2回目
兵庫	—	神港学園	7年ぶり4回目
東中国	岡山	矢掛	初出場
西中国	広島	崇徳	12年ぶり5回目
四国	愛媛	新田	3年連続16回目
北部九州	福岡	福岡大大濠	3年連続4回目
南部九州	熊本	文徳	2年ぶり3回目

[第59回全国高等学校軟式野球選手権大会 組み合わせ表]

全国優勝八度、2年ぶり27回目の出場となる北関東代表の作新学院は、まず筆頭に挙げられる。次いで全国優勝六度、2年ぶり19回目の出場となる東海代表の中京。四国の名門・新田も3年連続16回目と資格は十二分。3年ぶり15回目となる北東北の雄・能代も、伝統の打線が爆発すれば手が付けられないだろう。東京代表の早大学院、北部九州の福岡大大濠はいずれも、近年の連続出場で勢いがある。

一方、南関東の三浦学苑、東中国の矢掛は初出場。34年ぶりの大阪・河南、19年ぶりとなる近畿代表の南部、12年ぶりの西中国代表・崇徳。このあたりの古豪は永い眠りから覚めた獅子となれるか。ブランクがあるゆえに他校に渡っているデータが圧倒的に少ないため、不気味と言えば不気味である。意表を突く作戦と人材によって強豪校が翻弄されるようなことがあれば、俄然大会は盛り上がる。

作新、中京、新田、能代。この四強に、早大学院と福岡大大濠といった中堅が絡みつく。三浦学苑、矢掛、河南、南部、崇徳といったフレッシュな顔ぶれがダークホースとなって引っ掻き回す。

果たして結果は……強豪と中堅が潰しあい、ダークホースが下剋上を果たし、さらには高校軟式野球史上において空前絶後の試合が生まれるという、全く予想外の展開となったわけである。

選手宣誓を行う中京の後藤敦也主将、通称ゴアツを、目を潤ませて見つめる男がいた。コーチの福井健治《けんじ》である。

車の中で

中京軟式OBの23歳。保健体育の非常勤講師として2014年4月に母校へ帰ってきたばかりの新米コーチだ。

「平中監督と船坂トレーナーが戦略から何からやっておられますので、新米の自分は何も役に立てていません」

この半年弱、福井はツートップの後ろ姿に学びながら、選手たちと共にひたすら汗を流してきた。技術指導法も人心掌握術もまだ何も知らない。だからこそ選手たちと一緒に走り、ボールを追いかけ、毎日泥まみれになった。チームが地区予選を抜け、東海大会を勝ち上がり、全国大会出場を決めた際には、まるで現役選手のように無邪気に喜び、人知れず感涙にむせんだ。

ところが、いざ明石へ乗り込もうという二日前。福井の顔から笑顔が消えた。キャプテンのゴアッツが右足を怪我したのだ。

「水は溜まってはいなかったんですが、かなり腫れて。パンパンで膝が曲がらないくらいでした」

福井はグラウンドから病院へ車を飛ばした。診察室から出てきたゴアッツの右足はがっちりとギプスで固められていた。

「ここまで酷い状態だとは監督は知りませんでした。今も知らないと思います。この時は僕も息を飲みました」

病院を出て車に戻る二人。車内にはたちまち湿布と消毒薬の匂いが充満した。運転席の福井と助手席のゴアッツの間に流れる沈黙。破ったのはゴアッツだった。

「……ギプス外します」

「……え？」

ゴアッツと目が合った。揺るぎない想いが瞳の奥に宿っていた。この3年間、平中から毎日のように怒鳴られ、誰よりもしごかれ、汗と涙でぐちゃぐちゃになりながら耐え、成長してきた。ゴアッツの歯を食いしばる姿に選手たちはほだされ、チームの雰囲気は日々真剣味を増していった。福井は半年弱ながら、その姿をずっと見つめてきた。そのゴアッツが突然、ギプスを外すと言い出したのだ。

「監督には何でもなかったと言ってください」

ゴアッツは不退転の覚悟を新米コーチにぶつけてきた。怪我なんかでリタイアしたくない。どうしても全国大会を仲間たちと戦いたい。ゴアッツは言葉ではなく、目ですべてを語っていた。福井は即答できなかった。

福井自身、中京軟式の現役当時、悔しい思いをしてきていた。一年生時に全国ベスト8、レギュラーを取った二年生時には全国準優勝。「次こそは頂点を」と臨んだ三年生時に、よもやの県大会一回戦敗退。虚無感の後に絶望感が押し寄せ、悔し涙も流せなかった。トラウマに近い思い出が、その後の福井の人生を決定づけた。

「全国準優勝をした時、レギュラー9人中7人が二年生でした。来年は優勝できるだろうという油断があったんだと思います。それで地獄に突き落とされました。子供たちには、こんな一生引きずるような後悔をさせたくない。たとえ負けることがあっても精一杯やり切って、悔いを残して欲しくないと。それで指導者の道に進みました」

ゴアッツはもう一度、福井を見た。

「何でもなかったと言ってください……お願いします」

選手の健康を第一に考え、冷静な判断を下す。それが指導者の常道であるならば……

俺は失格だ。

「わかった……ギプス、外していいよ」

数日前。自分の目の前でギプスを外したゴアツが、声高らかに選手宣誓をしている。せめて、この大会中だけでも自分の右足と交換してやりたい。福井は目を潤ませ、右膝を強く摑んだ。

嫌な感じ

「トレーナーとして全幅の信頼を置いているのはもちろんですが、緻密なデータ分析と戦略は本当に助かっています」

もともと中京高校の4番キャッチャーで主将というチームの要を担っていた船坂の頭脳は、平中にとってあまりにも心強い懐刀だ。しかし全国大会初戦となる大阪の河南高校については、船坂の出番はなかった。34年ぶり2回目の出場となる河南高校。全くのノーデータだったのだ。

試合は2回表に中京が、3回裏に河南が1点を取り合い、同点のまま延長戦に突入した。

「今年の中京は全国前から打線が良かったですからね。故障明けで不安のある松井を助けたのは、1試合平均8・8点の打撃です。だから今年はむしろ、松井よりも打線を売りにしたいチームだったんですが……」

船坂は首を傾げる。

「北野君という相手ピッチャーが結構良くて。落ちる球とインコース攻めを途中から駆使してきまして。どうにも打てない」

打線は水物といわれるが、全国大会の初戦で早くも泡と消えてしまうのか。

試合は結局、11回表に4番柴山葵《あおい》がデッドボールを受け、押し出し1点が決勝点となり、辛くも逃げ切った。

監督、部長はベンチ入りできるが、トレーナーは入ることが出来ない。そのため船坂はスタンド席から一眼レフを片手に、初戦を俯瞰《ふかん》で眺めていた。

「勝つには勝ったが、初戦から延長戦か……打てんし……大丈夫かぁ？　なんか嫌な感じだな……」

味方の援護なく、投手戦を投げ勝った松井は、河南戦をこう振り返る。

「県大会も東海大会も延長戦はなかったですから。だから河南戦が終わった時は〝延長戦って疲れるなぁ〟と思いましたね」

11回という延長戦は疲れる、と河南戦後の松井は思っていたのだ。この後に待ち受ける運命も知らずに。

秘める

高砂市野球場で中京が河南に苦しんでいる頃、明石トーカロ球場では崇徳が初戦、北信越の上田西高校戦を迎えていた。

先発マウンドに上がった石岡は、初回から飛ばした。実は石岡はこの日、飄々とした外見とは裏腹に、怒りに燃えていたのだ。

「試合前、すれ違いざまに上田西の選手たちの会話が聞こえたんですよ。〝次は文徳かねぇ〟って」

上田西と崇徳の試合の勝者は、次戦で南部九州の文徳高校と当たる可能性があった。その勝者を決めようという試合の前に、上田西の選手たちは早くも文徳戦について話をしていたというのだ。

崇徳は眼中にない、ということか。石岡はイラッと来た。

「ナメてたんですよ、俺らを」

石岡は〝俺〟ではなく、〝俺ら〟と言った。プライドの高い石岡は自分が馬鹿にされることも我慢ならないが、仲間たちを馬鹿にされることは、もっと許せない。

「俺らみんな身長もデカくないし、強そうにも見えないし」

もっとも上田西の選手たちが、わざわざ石岡を挑発しようと聞こえよがしに言ったのかどうかはわからない。彼らにとっては何の悪気もない会話だったのかもしれない。「次は文徳かねぇ」と呟いた選手に、別の選手が「崇徳に勝ってから言えよ」といった程度のものだったのかもしれない。しかし、いずれにしても石岡には聞こえた。そして、押さなくていいスイッチを押してしまったことは間違いない。

「今の聞こえたか？」

「ん、どうした？」

「あいつら〝次は文徳かねぇ〟ぬかしよった」

「あーそう。あーそう。こりゃあ、いわさんといけんね〜」

石岡の怒りは、たちまち仲間たちへ伝播《でんぱ》した。いわす。やっつける。〝チーム崇徳〟はニコニコ笑いながら、内に秘めた闘志を掻き立てた。


石岡は飛ばした。

「ほんま、手玉に取ってやろうと思って、バーンと投げてやったんです。そしたら相手の眼の色がだんだん変わってきて。気づくの遅いわって」

快調に飛ばす石岡だったが、4回あたりから雲行きが怪しくなってくる。

「県大会前に出来てしまった人差し指の先の血豆が、本格的になってしまって。ヤバいなと思ってたら、案の定コントロールが曖昧になってきて、球もキレがなくなってきて」

血豆に加え、味方のエラーで1失点。〝いわしてやる〟はずが、よもやの先制点を奪われてしまったのだ。

マウンド上に仲間たちが集まってくる。ショートの亀井洋徳《ひろのり》が「ごめん、ごめん」と苦笑いで謝る。

「よくやってくれましたねぇ〜」

石岡は笑いながら、わざと芝居がかった口調で言う。決して不機嫌な態度は見せない。

「リラックスさせようとか、慰めようとかじゃないですよ。ほんまに腹なんか立たないです。野球にエラーは付き物ですから」

亀井は思う。もうヘマはしない、バットで挽回してやると。石岡が笑顔で冗談にしてくれるからこそ、より強く思う。ミスした選手がすぐに前向きになるということは、チームの士気が落ちていないということだ。

タイムが解けて、マウンド上に集まっていた選手たちが蜘蛛《くも》の子を散らしたように各ポジションへ戻っていく。みんな笑顔だ。

4回裏。先制された崇徳は、ツーアウトから石岡が二塁打を放つ。自らのバットで同点のチャンスを作ると、女房役の4番沖西がタイムリーヒット。すぐさま同点に追いつく。

試合を振り出しに戻したものの、石岡の〝苦投〟は続いた。投手の生命線ともいえる人差し指。その先端に巣食う、赤く憎たらしい塊。いつ破裂してもおかしくない血豆を騙し騙し、やっていくしかない。

「本来のピッチングが全然出来ないんで、めっちゃ置きながらでした」

5回裏。崇徳ベンチ内。味方の攻めを視界の端にとらえながら、石岡は重松に話しかけた。

「血豆。もう破裂寸前なんじゃ」

「……ああ。大丈夫か?」

「おまえ、行けるか?」

「え……いや、待って」

「ええけ、もう監督に言うで」

「いや、待って……」

「行けや! 思いっきし投げて来いや!」

石岡は萎縮《いしゅく》する重松を鼓舞《こぶ》し、無理矢理にブルペンへねじ込んだ。

「監督。自分、血豆が出来ました。今、重松をブルペンに入れたんで、いよいよ豆が駄目になったら言うんで、すぐに交代させてください」

中河が「わかった」と頷くと、石岡は気合を入れ直して6回のマウンドへ向かった。
6、7回を無失点で終えた時点で、石岡は重松にバトンを渡し、兼務できるショートへ移った。内野でボール回しをしている最中に血豆は潰れ、血を噴き出した。ギリギリのタイミングであった。
8回表。マウンドには身の丈189センチの巨人が立った。石岡からバトンを受け取った重松だ。

「上田西の選手たちは驚いたと思いますよ」

石岡が愉快そうに振り返る。崇徳ナインに比べ、上田西の選手たちのほうが体格に優れ、大柄だ。しかしそれをはるかに凌駕《りょうが》する大男が、突如としてマウンドに現れたのだ。

「しかも背番号は〝1〟じゃけぇ。うちは二枚看板だけど、真のエースナンバーは重松ですから。二度ビックリでしょ」

そして三度目のビックリが上田西を襲う。ズバーン！！！　沖西のミットが重く派手な破裂音を響かせる。観客席が思わず「おお」とどよめく。

「重松のストレートはエグいです。襲ってくる感じ。140出ますから」

硬球なら150キロを超える、と周囲が舌を巻く剛速球。

「威圧感の一言ですね。あいつにあって、俺にないものです」

秘密兵器の起用で勢いに乗った崇徳は、8回裏に相手のミスを誘って勝ち越しの2点目。最終9回も背番号1が無失点に抑え、崇徳は初戦を制した。同時に国体出場資格も勝ち取った。

笑顔の裏に闘志を秘め、石岡の後ろに重松を秘め。

〝曲者〟の崇徳が、全国大会で一歩前進した。

あんなチャラいやつには負けん

8月26日。前日に延長戦で初陣を飾った中京は試合がなく、この日は練習日となっていた。

明日の準々決勝は秋田の能代高校。全国優勝2回、準優勝2回。高校軟式野球界随一の打撃を誇る、文句なしの強豪だ。

平中に苦い記憶が甦る。4年前。2010年の全国大会。能代高校と激突した中京は、延長18回にサヨナラ負けを喫していた。結局、この大会で能代は見事に日本一を勝ち取った。

〝守り勝つ野球〟を標榜していた平中が、

「能代に負けて、やっぱり守ってるだけではいけないと思い、バッティングにも力を入れた時期もありました」

と、当時の指導方針を修正するに至った、トラウマに近いような思い出。

その能代と明日、ぶつかる。ある意味、平中にとっては明日こそが天王山ともいえた。中京と共に優勝候補に挙げられる能代を打ち破ることが出来れば、日本一はかなり現実味を帯びてくる。

選手たちも、明日の能代戦がいかに重要であるか、そして勝利すればどれほど視界が明るくなるかを重々承知していた。練習にもより一層力が入るというものだ。

入念な練習を終え、昼食を取っていると崇徳の面々が練習を始めた。前日に上田西を下していた崇徳もまた、この日は練習日となっていたのだ。

能代戦を明日に控えた中京の、切迫した練習とは全く雰囲気が違う。崇徳の選手たちはいつものように、ニコニコしながら練習している。この時の様子を平中が振り返る。

「うちとは全然雰囲気が違うというか。実に楽しそうにやっているなぁと」

平中は言葉を選んで話した。内心は違うはずだ。部長の佐藤裕《ゆう》が言う。

「こういう言い方をしていいかわからないですけど……私の目にも楽しそうというか、遊んでいるような雰囲気にすら映ったんです。平中監督は、そういうの絶対許さないんですよ」

平中は平素から、気持ちの入っていないキャッチボールをしようものなら、選手たちに容赦なく雷を落とす。平中だけに限らない。強豪校になればなるほど、特に試合前のキャッチボールは重要な調整として真剣そのもので行われるものだ。

佐藤部長が続ける。

「中にはソフトボールの要領で、腕をグルンと回して、下からヒュッと投げている子もいましたね。それを平中監督は見ていたのかどうかは、わかりませんけど」

佐藤だけではない。昼食を取りながら、選手たちもじっと練習風景を見つめていた。

「佐藤先生、あいつ、ソフトボールみたいに投げてますよ」

「うーん、そうだねぇ」

〝あいつ〟と呼ばれた石岡は実に楽しそうに、はしゃぎながら、女房役の沖西を相手に投げている。

「沖西は小学生の頃にソフトボールをやっていたから、上手いんです。だから投げ方を教えてもらってたんですよ」

石岡自身が当時を愉快そうに振り返る。

「あいつ、遊んどんのか……」

箸《はし》を止めて松井が呟いた。選手たちから次々に声が上がる。

「どういうつもりだよ、あいつ」

「イラッと来るな」

「ナメとんのか」

「チャラいな」

「髪伸ばしやがって」

「小さいし、細いし、大丈夫かよ、あいつ」

「あんなのに負けれんな」

「あんなのに負けるわけないだろが」

女の子の視線が気になる、オシャレもしたい、髪だって流行りの感じに伸ばしたい。そんな感情はすべて、日本一という悲願のためになら犠牲に出来た。そんなことは当たり前のことだと思って疑いもしなかった。野球に青春のすべてを注ぎ込んできた。だからこそ、石岡の長い髪が我慢できなかった。笑顔がイラついた。ふわふわしたキャッチボールが許せなかった。

部長の佐藤には、選手たちの気持ちが痛いほどわかった。佐藤は野球経験がなく、吹奏楽部の顧問から軟式野球部の部長になったという変わり種だ。通常、野球部の部長といえば、監督と共に戦略分析などを担う軍師的な存在。しかし中京ではその役割をトレーナーの船坂とコーチの福井が担っている。

家庭科の教師でもある佐藤は、ユニフォームの洗濯から破れたグローブの裁縫などあらゆる雑務全般をこなし、時には選手たちの悩み相談にも応じる。平中を厳格な父に例えるなら、佐藤はまるで母親のような気持ちで子供たちを見守ってきたのだ。平中が知らない選手たちの苦悩や涙を、ある意味、平中以上に把握している。だからこそ子供たちの気持ちは痛いほどわかった。

「……あんなチャラいやつには負けん！」

とっくに食事を終えていた松井が立ち上がった。

中京陣営が食事を終えて帰り支度を始める頃、石岡はショートとしての守備練習に入った。笑顔を見せつつも、軽快なフィールディングから鋭く送球する。

「キャッチボールはまぁ、あれだが、あのショートの子、ビュンビュン放る。えらい肩が強いなぁ」

平中は感心した。感心しながらも〝楽しそうな〟キャッチボールの残像が頭から離れないまま、その場を後にした。

反比例

8月27日。中京は準々決勝の能代戦を迎えた。

「能代さんはとにかく打撃のチーム。松井にはより慎重に行くよう指示を出しました。あと守備の弱点を見つけましたので、そこを敢えて狙い打ちしていこうと」

船坂の分析どおりに試合は……進まなかった。能代のエース・後藤が想像以上に優れたピッチャーであり、ゆえに打撃が振るわなかったのだ。「松井より速かった」と平中を唸らせる速球に、バッターたちは苦しみ続けた。

6回裏。中京はやっとノーアウト1、2塁という先制のチャンスを作った。しかもバッターボックスには3番の小池翔也《しょうや》。チームで最も小技の上手い職人だ。彼以上の適役はいないという場面だったが、まさかのバントミス。続く4番の柴山も凡退。5番の加藤貴也《たかや》による値千金のタイムリーヒットで、どうにか1点をもぎ取った。

「今日は打てない。この1点を大切に守り切るしかない」

平中の覚悟に松井は応えた。

「能代さんは打つチームなので、下位打線にも神経を使いました。打てるもんなら打ってみろ、という気持ちで集中力が切れなかったのが良かったです」

打の能代が意地のヒットを繰り出すものの、松井は要所要所を締めるメリハリの利いたピッチングを展開。113球で完封してみせた。

準々決勝を勝利し、中京は準決勝へと駒を進めた。元気のない打線に不安は残るものの、エースは復調しつつある。気を取り直そう。明日の相手は崇徳。昨日見た〝チャラいやつら〟だ。負けない。いや、負けてはいけない。日本一辛い練習を、日本一の喜びで報いたい。さぁ日本一奪還へ、あと二つ。

イケイケ

同じく8月27日。崇徳は準々決勝に臨んだ。対戦相手の文徳高校は優勝候補の一角に挙げられる実力校である。

先発のマウンドには、上田西戦で途中降板した石岡の姿があった。

「25日の上田西戦の翌日、一日休みだったんです。朝起きたら血豆の跡がうまく覆われて固まっていて。試しに投げてみたら、むしろ指の掛かりがいいんですよ。豆の跡がイイ感じでボールを擦るんです。こんなことってあるんですね」

右手人差し指の腹。ピッチャーにとって、これほど重要な1平方センチメートルは、ない。野球の神様は石岡の血豆を潰して一瞬ハッとさせ、中一日でプレゼントに変えた。

「もしもこの時、指先の皮が大きく剝けたり、裂けたりしてたら、延長50回なんか絶対に無理だったと思います」

石岡は指先のアクシデントを味方に変えて、会心のピッチングを展開した。低めに構える沖西のミットに、伸びのあるストレートが鋭く刺さり続ける。「最高のピッチングが出来ました」という言葉通り、わずか3本の単打を許したのみで完封。打っては塩谷《しおたに》陸《りく》が三塁打、弘實裕《ひろざねゆう》が二塁打と4－0の快勝。実力校を相手に完全な形で勝利を収めた。

準々決勝を制した崇徳は、準決勝へと駒を進めた。しかも過去最高の全国ベスト8を塗り替える四強入り。明日の相手はあの中京だ。気後れはない。初戦次戦と勝ち上がり、自信も気合もグングン上昇している。今の俺たちは乗っている。行ける。行ってやる。このままの勢いで突っ走ってやる。

前夜

中京との準決勝を翌日に控え、中河は静かに闘志を燃やしていた。

（見ておれよ……）

大会直前。とある新聞社のインタビューを受けた際、目標を問われた中河は「全国制覇です」ときっぱり言い切った。すると質問をした記者が「プッ」と吹き出したのだ。

無限の可能性を秘めた子供たちに対する侮辱だ。中河は腹が立って仕方がなかった。全国大会が始まってからも、その怒りの火は胸の奥で燃え続けていたのだ。

勝ちたい。全国制覇を遂げるため、明日、どうしても中京に勝ちたい。どうすればいい？　中河は昨日のことを思い出していた。中京の練習風景だ。

「練習場所の球場が狭かったのもあるんですが、鋭いスイングで長打を飛ばしていたんです。フェンスを越えるような当たりを何度も。かと思うと、今度は徹底的に叩きの練習を始めて。これがまた正確無比で素晴らしい。ピッチャーも守備もすごいという情報は入ってきてるし。もうね、隙がないんですよ」

日本一を狙える、と鼻息荒く明石へ乗り込んできたものの、中京の練習風景を見て自信が揺らいだ、と中河は正直な想いを吐露《とろ》した。

実はこの強豪校の練習風景を見る前まで、中河は先発を決めかねていた。石岡は調子を上げており、初戦、２戦目と結果を出してきている。一方で重松を試してみたい気持ちもあった。

「でも練習風景を見て、はっきり石岡で行くと決めました。中京は徹底的に叩いてくると確信したんで。だったらフィールディングのいい石岡しかないな、と。それに石岡はコントロールがいい。中京は選球眼も機動力も叩きもいい。フォアボールひとつが致命傷になりかねないですから」

中河は勝つにせよ負けるにせよ、1点を争うギリギリのゲームになると予想していた。そうなれば、あらゆる面で器用さに長けた石岡が適任だ。重松の剛速球に驚く中京面々の顔も見てみたいが、中河は石岡に先発マウンドを託すことにした。

同じく8月27日の夕飯時。能代を下して準決勝進出を決めた中京の軍師・船坂は、茶碗を片手に大将平中と話し込んでいた。もちろん、翌28日の崇徳戦についてだ。

「明日、天気が心配ですね」

「うん。降りそうやな」

「まぁ松井は大丈夫でしょうね。あいつは雨でも問題なく投げられるし」

「だな。それより雨やとエラーが嫌やな」

「ですね」

「崇徳の打線は？　誰が怖いかな？」

「6番の島川はいやらしいですね」

談義は続いた。

「石岡っていうのはどんなピッチャー？」

「球はかなり速いですね。スライダーも切れます。ただスライダーの割合は、それほど多くないですね」

「じゃあ必然的にストレート狙い、になるか」

1番の中上と5番の加藤は変化球が苦手だ。しかしストレートには滅法強い。二人が打線を引っ張っていければベストだ。船坂はさらなる分析と戦略のため、平中に問うた。

「……崇徳のデータ分析表、作りましょうか?」

船坂は毎試合、対戦相手の戦力を分析し、それをグラフ化している。要警戒バッターと対策法、相手ピッチャーの球種とカウントごとの配球、内外角の比率、エラー傾向から割り出す守備陣の弱点……etc。

「んん……ええわ」

平中は分析表はいらない、と言った。

平中の記憶の中に、昨日の残像がまだあった。

崇徳の練習風景。

〝楽しそうな〟キャッチボール。

中京のトップ会談は終わった。猛暑を過ぎ、徐々に陽が短くなりつつある8月の終わり。伝説の前夜は静かに、深々と更けていった。

第四章　1398

はじまりの雨

伝説は小雨の中で幕を開けた。

兵庫県明石市。明石トーカロ球場。客席には両校の応援団、そして選手たちの家族の姿。純粋な高校野球ファンといった観客は、甲子園には足を運んでも、明石に来ることはほとんどない。ましてやこの日は雨だった。

そして両校の選手たちも指導陣も父兄たちも、誰一人として〝伝説の幕開け〟の意識があるはずもない。野球の神様だけがほくそ笑んでいた。

崇徳は12年ぶり5回目の全国大会出場。過去最高成績はベスト8。準決勝に進んだ今年は、初めての全国大会ベスト4進出となる。

対する中京は2年ぶり19回目の出場。優勝回数6回。単純に数字を比較するだけでも、どちらが王者でどちらが挑戦者なのか、その構図はわかりやすい。石岡も後のインタビューで「中京高校っていうのは有名な高校なんで、やっぱ気合は入りました。チャレンジャーとして、自分らの出せる部分を全部出そうと思って戦いました」と語っている。

決戦を目前に控え、中河は試合開始時間を遅らせた雨を見ていた。

(勝てるかもしれない……)

雨でグラウンドが湿り、ボールが跳ねない。そうなれば恐ろしいほど精度の高い中京の〝叩き〟が半減する。となるとバント攻撃をしてくるかもしれない。

でも大丈夫だ。なにしろ石岡のフィールディングは絶品、サード島川の守備力も信用できる。中京のお家芸を封じることが出来る。

(恵みの雨だ……)

中河は雨粒を降らせる空を見上げ、拳を握った。

先制パンチ

審判団を挟み、両校の選手が整列する。帽子を取って一礼。石岡の長い髪がふぁさっと揺れる。

中京の選手たちの心に、一昨日の練習日の記憶が甦る。フザけてソフトボール投げを

[中京高校・崇徳高校：メンバー表]

後攻　**崇徳高校**

打順	ポジション	選手名	背番号
1	センター	後藤雄　(3年)	8
2	セカンド	弘實裕　(3年)	9
3	ピッチャー	石岡樹輝弥(3年)	6
4	キャッチャー	沖西佑太　(2年)	12
5	ファースト	塩谷陸　(2年)	3
6	サード	島川幸希　(2年)	5
7	ライト	岡本和馬　(3年)	7
8	レフト	高瀬誠也　(3年)	15
9	ショート	亀井洋徳　(3年)	4

■控え選手

選手名	背番号
重松勝実（3年）	1
松田英司（3年）	②
重本勇貴（3年）	10
村上楨　（2年）	11
長尾賢志（3年）	13
百間聖悟（3年）	14
上村拓実（3年）	16

記録員	森達彦（3年）
責任教師	樽本秀幸
監督	中河和也

先攻　**中京高校**

打順	ポジション	選手名	背番号
1	サード	中上航平　(3年)	5
2	セカンド	後藤敦也　(3年)	④
3	ショート	小池翔也　(3年)	6
4	センター	柴山葵　(2年)	8
5	ファースト	加藤貴也　(3年)	3
6	ピッチャー	松井大河　(3年)	1
7	レフト	齊木亮介　(1年)	7
8	キャッチャー	西山裕基　(3年)	2
9	ライト	大島健太郎(2年)	9

■控え選手

選手名	背番号
伊藤頭成（2年）	10
和田賢人（2年）	11
土屋将大（3年）	12
山下達也（3年）	13
安藤敦也（3年）	14
伊西幹太（2年）	15
岡本大佑（3年）	16

記録員	景山愛梨（3年） 土屋まこ（3年）
責任教師	佐藤裕
監督	平中亮太

していたやつだ。ヘラヘラ笑っていたやつだ。あんなチャラいやつには負けん……。

8月29日。午前9時59分。試合開始を告げるサイレンが鳴り響いた。小雨の煙るマウンドに石岡が上がる。

「あのソフトボール投げしてた子が投げるんだねぇ……」

中京ベンチの佐藤部長が呟く。帽子の脇から流れる黒髪。痩軀《そうく》。そしてあどけない笑顔。敵ながら心配になるほど、見た目は頼りない。しかもピッチング練習で投じるボールもすべて山なりだ。

1番・サードの中上がバッターボックスに立つ。切り込み隊長としてチームを牽引してきた熱い男だ。

(髪なんか伸ばしやがって)

俺たちは血反吐《ちへど》を吐く思いで、この3年間をやり抜いてきた。遊びたい気持ちを我慢し、毎日泥だらけで白球を追ってきたんだ。ヘラヘラ笑いやがって。遊びじゃねぇんだ!

次の瞬間、目の覚めるようなストレートが、アウトコースに構えた沖西のミットにスパーンと収まった。

(……速っ)

ストレートに滅法強い中上が目を見開いた。

(嘘だろ……なんだよ、この球)

切り込み隊長の顔色が変わった。あいつ、一昨日、ソフトボール投げしてたやつだよな……だよな⁉


(ナメとったんじゃろ……)

石岡はニヤリと笑った。

(俺、こんなに小さくて細いけぇ、髪も長いし……だから、ナメとったんじゃろ?)

全身の血潮が沸騰する。

(俺はな……人を見た目で判断するやつが大嫌いなんじゃ!)

鷹が爪を出した瞬間だった。

「自分、小さくて細くて、こんなんだから、相手は絶対ナメてるんですよ! 俺のことを〝あいつ、大丈夫なのかよ〟って笑ってるに決まってるんですよ! だから試合前のピッチング練習の時は、わざと山なりでゆっくり投げてみせるんです。で、いざ本番になったらズバーンと行く。そうすると相手は〝なんやこいつ〟いう顔になるんですよ。その瞬間が、もう、たまらんのです」

ライトフライに倒れた中上が、首を傾げながらベンチへ戻る。続いて打席に入った2番のゴアツもまた、マウンド上の石岡を鋭く睨み付けた。

（こんなチャラいやつには負けとれん！）

キャプテンとして怜悧《れいり》なリーダーシップを発揮するゴアツだが、その根っこは負けん気の塊だ。どのチームより汗と涙を流してきたはずだというプライドが、より闘志を掻き立てる。準決勝はあくまで通過点だが、全力で叩きのめしてやる。格の違いを見せつけてやる！　気合を込めてグリップを握りしめる。

石岡はまたしても挨拶代わりと言わんばかりに、渾身のストレートを放つ。

（え……）

ゴアツが動けない。

「ボールが遠く見えるというか、真っ直ぐがアウトローに、本当に綺麗に決まっていました」

石岡は止まらない。

（どうじゃ、おまえも今頃気づいたんか）

石岡は中京の主将をいとも簡単に三振に仕留め、再びニヤリと笑った。ゴアツは、奥歯をギリギリと噛んだ。

「ヤバいな……これは苦労することになる……」

石岡の球を肌で感じ、キャプテンは覚悟を決めた。

中上とゴアツの顔色を変えた石岡の投球。平中は素直に「正直、びっくりしました」と振り返る。

小雨の降りかからないベンチの中で、平中は思い出していた。一昨日の練習日。あの子は確かにキャッチボールをふわふわやっていた。しかしショートの守備練習の時には「ビュンビュン放る。えらい肩が強いな」と感心させられたではないか。そして今〝あのショートの子〟はマウンドに立ち、中上の、ゴアツの、そして自分の顔色を変えさせている。

石岡は167センチ、57キロ。171センチと上背はないものの67キロとどっしりした投手体型をしている松井と比べても、明らかに細い。頼りないほどに。

松井はエースナンバーの「1」。石岡はピッチャーとショートを兼務しており、背番号は「6」。

歴戦の闘将は油断したのだ。ショートの守備練習時の強肩に気づいていたにもかかわらず、それが危機感にまでは結びつかなかった。だから昨晩、船坂のデータ分析を「ええわ」と断ったのだ。

石岡にしてみれば「してやったり」だった。

「自分、敵が見ている時は毎回適当にやるんですよ。フワーンって。みんなの前で俺、遅いぞって。練習してる時も、中京のみんなが昼飯を食べながら見てたから、わざとそうして。崇徳のチームメイトたちも、俺がわざとそうやってるなんて知らないですよ。してやったりです。作戦通りですよ！」

石岡はまんまと中京を騙した。しかも味方にすら真意を伝えていない。『敵を欺くにはまず味方から』を地で行っている。

「そんな意味があったとは全然知りませんでした。ふわーっと投げているのは疲れてるのかなあって思っていたので。自分は敵が見ていたりすると、逆に気合入れて投げて〝俺スゲエだろ〟ってタイプなんで……」

女房役の沖西ですらも、石岡の真意には全く気が付いていなかった。

「ソフトボール投げをしていたのも意味があるんです。自分はスナップを利かせられるのが、自分のいいところだと思っています。それで球がホップしてベース上あたりで伸びていく。それを見せたくなかったんです。グラウンドの端っこじゃなくて、結構近い所で中京のみんなが見ていたから」

全部計算していた。その上での策略だった。

「中京のみんなが帰った後は、きっちり投げ込みましたよ。ブルペンでもしっかり身体を作ってたし。でも、ショートの守備練習の時の送球は見られていたんですか。それは失敗でしたね」

と、石岡は悔しがりながらも笑って振り返った。

第1ラウンド。挑戦者の先制パンチが王者の顎に華麗に決まった。

翻弄

「いいんですよ。ゾクゾクするんです。二巡目から、中京の選手たちの顔が、だんだん引き締まってくるのがね。気づくのが遅いぞって」

石岡は楽しくて仕方がなかった。優勝候補筆頭チームの手強い選手たちが目の色を変えてくる様子がたまらない。完全にナメていた彼らをまんまと欺《あざむ》いた快感。そして強豪ならではの鋭い空振りが与えてくれるスリル。あまりにも痛快なスタートダッシュだ。

しかし石岡はハイテンションのまま、ノリで三振を狙いに行く愚は犯さなかった。

「自分の中では、一巡目、つまり1回から3回まではストレートとスライダーが中心ですね。二巡目の4回から6回までは、そこにカーブも折り混ぜて相手バッターの感覚をずらして。まぁ休憩です。で、三巡目の7、8、9回は自分のピッチングの集大成を注ぎ込むというのが理想のパターンです。どうです？　本格派って感じでしょ！」

その後の石岡はどんどん波に乗っていった。〝本格派〟と笑いながらも自賛する投球術で、強豪・中京の打線を翻弄していく。

「三振を取りにいくんじゃなくて、打たせました」


打たせて取る。それがヒットになっても焦りはない。むしろ下位打線であれば、わざと甘い球で単打を打たせてみてもいいとさえ思っている。そうすれば、例えば一死一塁の場面から中京はバントをしてくるのか、叩いてくるのかも観察できる。
1、2ラウンドを軽く流しながら相手を分析する時間にあて、材料が揃ってから、ゆっくり確実に仕留める。石岡は一流ボクサーのようなペース配分を、中京相手にやってのけようとしていた。

それぞれの夏

目の前で快投を見せつけられた松井は反省していた。

（はっきり言ってナメていた。それどころか怒りさえ覚えていた）

そして素直に認めた。

（いいピッチャーだ。簡単には崩れないだろう。打つのは難しい）

松井はゼロ行進の投手戦を覚悟した。石岡が中京打線を翻弄するならば、自分は崇徳打線を黙らせなくてはいけない。


松井の予感通り、ゲームは投手戦の様相を呈してきた。スコアボードに並ぶ18個のゼロ。延長戦に突入だ。

10回裏。

崇徳はツーアウトながら走者を二塁に作った。延長に入った以上、後攻の崇徳はどんな形でも1点さえ取ればサヨナラ勝ちできる。中河は亀井に代えて、代打を送った。

バッターボックスに松田が立った。

「松田は、キャッチャーとしてもバッターとしても能力の高い子なんです。でも大きな大会前にことごとく怪我に泣かされてきた。それでも腐らずにチームに尽力してきました。だからこそ監督が彼をキャプテンにしたんでしょうがね。でも、選手としても最後の夏に花を添えて欲しい。花を持たせてやりたいと思いました」

樽本部長は、檜舞台に立つ松田を祈るような想いで見つめた。

（……松田、おまえが決めてしまえ！）

この時点で松田は、この試合が継続試合ゆえに一度ベンチへ下がった選手は二度目の出番がないことを知らなかった。打席を松田に譲った亀井はもちろん、キャッチャーとしてではなく、代打のみで出ている自分自身も。

しかし事情を把握していないとはいえ、松田は十二分に奮い立っていた。ここで打ってこそキャプテンだ。ここで決めてこそ男だ。

松田は力んだ。力んだからこそ、力いっぱいのスイングは白球をとらえることは出来なかった。無念の三振。

「その日の試合後に亀井と話しました。俺たちもう出番ないけど、どうやってモチベーションを保っていこか、って。出番はないけど、声出して、チームの雰囲気を良くしていくしかないけん、って」

だが、松田の夏も、亀井の夏も、実はこの後からが長かったのだ。

延長11回裏。ピンチを背負ったのは、またしても中京のほうだった。崇徳は2本のヒットとフォアボールで二死満塁。サヨナラのチャンスを迎えたのだ。

9回裏が終わって延長戦に入った時点で、先攻の中京はずっとサヨナラのピンチを背負い続ける運命にある。想像をはるかに超える石岡というピッチャーの実力。打ち崩せないまま延長戦に突入。そして迎えてしまったピンチ。

右の打席に6番打者・島川が入る。フォアボールもデッドボールもパスボールも許されない状況で、2ボールナッシング。しかも打席に立っているのは船坂が〝要注意〟印を付けていた巧者、島川。王者の足元がグラグラと揺らいだかに思えた場面だったが、エースは動じなかった。

「焦りですか？　なかったです。ピンチは野球には付き物ですし、相手と自分たちとでは、積み重ねてきたものが違うという自信がありました。負ける気がしなかったです。でもピンチはピンチですから、ひとつギアを上げました」

松井は慌てていなかった。女房役のキャッチャー西山が言う。

「どんなカウントでも、どこへ構えても、自信満々に放り込んでくる。それが大河です」

西山のサインに、松井はいつもより深く大きく頷いた。セットポジションから力強く右腕を振り抜く。島川の腹を抉《えぐ》るような渾身のストレート。

（……2アウト満塁で、インコース突いてくるかぁ、普通……）

意表を突かれた島川の顔色が変わる。

この場面では四死球が最も怖いため、インコースを投げるには相当な勇気がいる。島川のユニフォームを少しでも掠《かす》れば、押し出しのサヨナラだ。それでも松井は攻めた。

続く4球目。またしても強気のインコース。気迫に押される形でピッチャーゴロ。冷静に捌《さば》いてスリーアウト。

（石岡君は確かにいいピッチャーだ。でも……俺のほうがスゲエ）

松井は高ぶる感情を抑え、まるで何事もなかったかのように、崖っぷちのマウンドから切り上げた。

（二死満塁のサヨナラのピンチで、インコースに二発もズバッと決めてくる。すごいピッチャーだ……やっぱり中京さん、簡単には勝たせてくれないな）

中河もまた敵将と同じく、覚悟を新たにした。

サスペンデッド

14回表。今度は中京が絶好機を迎える。二死ながら三塁に走者を進めた。ここで左のバッターボックスに入ったのは3番バッター小池だ。

中河が下唇を噛む。叩きのスペシャリスト。滞空時間の長いバウンドの間に、俊足でファーストを強奪する。崇徳にしてみれば、最も厄介なバッターだ。石岡も認めている。

「中京のバッターはみんな粘るんです。とにかくしつこい。特に小池君はファールで粘りまくって、なんぼでも球数を放らせようとする。叩きも上手いし。本当にいやらしいバッターでした」

1ボール2ストライクからの4球目。職人・小池が叩いた。ボールはマウンドの手前で大きく弾む。三塁走者は迷わずホームへ突っ込んでくる。小池は猫のような素早さで一塁へ向かって駆け出している。

「もらった！」

小池の足ならセーフだ。平中は確信した。

「グローブでは間に合わないと思った」石岡はグローブではなく、右の素手で捕球するや否や、一塁へ矢のような送球。ファーストミットにボールが収まるのに一瞬遅れて、小池が駆け抜けた。

「配球も素晴らしいですが、とにかくフィールディングが抜群なんです。これは重松にはない、石岡ならではの強みです」

ショートを兼務できるグラブ捌き。中河が絶賛する軽快なフィールディングが崇徳をピンチから救った。

松井が力強く抑え込めば、石岡は軽快に刈り取っていく。どうやって崩していけばいいのか、と両校の打線が試行錯誤するうちに15回裏が終了。大会規定によりサスペンデッドゲームとなった。

サスペンデッド（一時停止試合）とは、野球やテニス、ゴルフなどの球技において、日没や天災、施設の事故等、止むを得ない事情によって試合が一時中止となることである。試合は後日、停止状態を解いて再開される。

全国高等学校軟式野球大会の規定によれば、9回終了時に同点ならば延長戦。延長15回でも決着しない場合はサスペンデッドとなり、翌日に16回から試合再開。以降、決着がつかない場合は15回ごとにサスペンデッドとなる。

サスペンデッドになったことについて、松井はこう振り返る。

「明日16回で決めようと、監督にも言われましたし、みんなでも話しました。先攻の自分たちは、延長に入ってからずっとサヨナラの危険性が続くんですけど、この時点ではまだ気にならなかったですね」

石岡は、

「まぁ明日、初回で決めてやろう。そんな風にみんなで盛り上がってました」

一日目終了
石岡177球
松井215球

副校長の逡巡

延長15回で決着つかず。勝負はサスペンデッドで翌29日へ持ち越し――。

現地観戦に訪れていた学校長からの連絡を受け、留守を守っていた中京の和田副校長は悩んでいた。

「生徒を翌日の応援に行かせるべきかどうか、悩んどったんです。うちの生徒は八割方が隣接の寮生活なので、朝の6時半に集まれ、というのが可能なんですわ。でもね……」

引き分け再試合と違い、サスペンデッドは一時停止からの継続試合だ。すなわち試合再開後、わずか1イニングで勝負がつき、試合が終わる可能性だってある。

「翌日は16回表から始まるわけでしょう。せっかく応援に出掛けてですよ。16回の1イニングで試合が終わってしまったら、ねぇ。6時半に集めて、4時間半ぐらいかけて明石へ行って、ものの20分で試合が終わって〝ご苦労さん〟って、これはあまりにも酷いでしょう」

中京は過去にもサスペンデッドを経験している。遡ること4年前。全国大会準決勝で秋田の能代高校と延長18回まで争っている。

「この時、応援に行きましてね。16、17、18と3回見て、結果サヨナラ負けでした。勝負だから仕方ないんですけどね……」

朝早く集合をかけ、大挙してのバス移動。お金も手間も大変なものだ。

「……能代戦のことがあるもんで、継続試合に応援団を連れて行くというのは、正直、気が引けるところがあったんですわ」

和田がそう考えるのも無理はない。この時点で、世界中の誰一人として延長が50回まで行くとは考えていなかったのだから。

秘策

8月29日。午前11時。試合は16回から再開された。試合開始のサイレンはない。サスペンデッド。継続試合なのだ。一時停止ボタンを押している状態。一晩寝かせて翌朝に再生ボタンを押すようなものだから〝開始〟ではない。

先攻の中京は、この先もずっとサヨナラ負けのピンチを背負い続けることになる。そんな状況を受け、前夜のミーティングでは、キャプテンのゴアツが全員の気持ちを代弁した。

「松井のために、いち早く点を取ってやろう。明日は16回にすべてを懸けよう！」

この時点で松井に疲れは見えなかったが、選手たちはそう誓い合った。崇徳戦に勝つことは目的ではなく手段だ。あくまでも目的は決勝進出。そしてその先の日本一にある。そのためには10分でも5分でも早く試合を終わらせたい。エースの球数と負担を減らしたい。

一方の崇徳は、中京とは対照的に〝サスペンデッド〟という状況そのものを楽しんでいた。

「サスペンデッドって、名前がカッコええ！」

「ええな！」

「再試合じゃなくて継続試合ってやつだから、ずっと9回表裏が続くいうことじゃろう？」

「後攻じゃけぇ、俺たちには毎回サヨナラ勝ちのチャンスがある」

「俺が決める」

「いや、俺が決める」

中京と崇徳。対照的な夜が明け、29日の朝に再生ボタンが押されたわけである。

17回裏。

崇徳は百間のヒットを皮切りに、盗塁、送りバント、四球、盗塁と猛攻をみせ、一死二、三塁の大チャンス。サヨナラ劇のお膳立てを揃えた。

実はこの日の朝。中河はミーティングを開き、選手たちにこんな話をしていた。

「松井はランナーに対して無警戒になることがある。全く走る素振りを見せなければ、警戒を解いて一定のテンポで投げる癖があるんだ」

中京のキャッチャー西山は優秀だ。松井からの信頼も厚い。だからこそ、そこに隙が生まれると中河は考えていた。牽制プレーに関しては西山と守備陣に任せ、松井は出来る限り投球に専念したい。そして実際に素晴らしい投球術を披露する。テンポもいい。だからこそ盗める。

「投げる瞬間に走ったら遅い。キャッチャーに刺される。投げると思った瞬間に走れ。それで牽制アウトになったら全部俺の責任だ」

中河は出来るだけ早い回で勝負を決めたかった。極めてハイレベルな松井に唯一見つけた弱点。それを利用しない手はない。ここで決めなければ、松井はすぐに盗塁を防ぐための間の取り方などを修正してくるだろうし、守備陣もすぐに対策を講じてくる。中京はそれが出来るチームだ。

百間は二盗を決め、中河の策を完璧なまでに実行した。ここで勝負を決めておきたい。中河は祈るような気持ちで戦況を見守った。

一死二、三塁で崖っぷちの中京は前進守備。セカンド、ショートは二塁ベースのはるか前にポジションを取る。

二塁ランナーの弘實は悠々とリードを取った。なにしろ三塁の百間がホームインすれば試合は終わりだ。

バッターボックスには打撃にも定評のある3番の石岡。崇徳応援団たちの打ち鳴らすしゃもじの音がどんどん大きくなっていく。大ピンチを迎えた中京のキャッチャー・西山が、両手を高く挙げてナインを勇気づける。

次の瞬間だった。石岡に対する2球目を外へ大きく外して捕球した西山は、捕った瞬間に二塁へ送球。大きくリードを取っていた弘實は「まさか」だった。セカンド、ショートは二塁ベースのはるか前にポジションを取っている。センターの動きもちゃんと把握していた。誰も二塁上のベースカバーには入れないはず。なのにどうして牽制球が自分のほうへ飛んでくるんだ⁉ 混乱が災いし、状況判断が遅れる。急いで戻るもタッチアウト。何が何だかわからない。

しゃもじの音が一瞬止み、スタンドが静まり返る。二塁上では弘實が呆然と這いつくばっている。バッターボックスの石岡も口を開けて唖然としている。球場全体が状況判断を出来ない中、中京ナインたちだけが笑顔でガッツポーズをしている。

何が起こったんだ？　弘實も石岡も、チーム崇徳の誰もが狐につままれたような表情になっていた。

時間を巻き戻してみよう。

そもそもの始まり。セカンドランナーの弘實は「牽制球は来ない」と思っていた。いや、牽制球という発想すらなかった。「僕はこの場面では、あまり関係ない走者」だと思っていた。当然だ。セカンドもショートも前進守備のために二塁ベースから離れている。センターの動きも目の端にとらえている。大丈夫だ。とにかく三塁ランナーがホームインさえすればサヨナラ勝ちの場面なのだから。

しかし、ここはリードを取る必要はなかった。1点入ればサヨナラの場面では、そこまでリードしなくてもいい、と中河は普段から散々言い聞かせてきた。弘實は油断していたのだ。

そしてこの弘實のリードは中河の眼中になかった。石岡の次の打者の沖西に、どんな指示を出すかで頭がいっぱいになっていたのだ。もしも弘實の姿に気づいていたら、当然のように「リードは必要なし」のサインを送っていただろう。

中京ベンチの平中は、この〝無用なリード〟を見逃さなかった。平中から捕手の西山へサインが送られる。それを受けて西山が両手を高く挙げた。これはピンチの場面でナインを鼓舞するためではなかった。秘策実行の狼煙《のろし》だったのだ。

西山のサインを受け取ったセカンドのゴアッがライト方向へ振り返り、大きな素振りではあるが、あくまでも自然な動きの中でさりげなく二塁方向を指差す。それを確認したライトの大島健太郎が、はるか外野から足音を忍ばせるようにセカンド方向へ近づき始める。

崇徳陣営の誰一人、観客の誰一人、大島がゆっくり内野へ近づいていることに気が付いていない。守備でウロウロしているだけだと思い込んでいる。

松井がセットポジションに入る。忍び足だった大島が、今度は全力でセカンドへ向けて走り始める。

「最初の一歩は自分でも不安でした。でも〝イケる〟と思って、すぐに全力で走りました」

松井が外角へ外す。キャッチャー西山は捕球した瞬間、セカンドへ向かって全力送球。

（え……なに⁉）

弘實は自分に向かって飛んでくるボールの意味が理解できない。ベースカバーに入る人間は誰もいないはずだ。なのになぜ、中京のキャッチャーはこっちへ向かって球を投げているんだ？　混乱する弘實の視界に、いないはずの中京守備陣が一人、飛び込んでくる。

（どうして⁉）

弘實にはまだ理解できない。中京のセカンドかショートが、あるいはセンターが瞬間移動したのか？　そんなわけはない。ちゃんと警戒して守備位置は確認していた。じゃあ二塁上にいるのは一体どこの誰なんだ⁉　弘實は慌てて戻る。しかしそこには、はるばるライトから忍び寄ってきていた大島がいた。西山からの牽制球を受け取った大島は、慌てふためく弘實をグローブで擦る。タッチアウト。

「信じられない……考えられないプレーでした」

弘實が、崇徳陣が舌を巻く、中京の秘策が炸裂した瞬間だった。観客も直後には何が起こったか理解できず、沈黙するしかなかった。そして弘實と同じかそれ以上に驚嘆し、震えていたのが、当の大島だった。

「全国大会の準決勝という、こんな大舞台でコレが決まるなんて……鳥肌が立ちました」

もしも西山の送球が逸れていたら、もしも大島が捕球を誤っていたら、三塁走者はホームイン。自滅によるサヨナラ負けの可能性を孕《はら》んだ、危険極まりない賭けだった。

中京ベンチ。平中は「よっしゃよっしゃ！」と何度も頷いた。負けない野球。すなわち1点も与えない野球。求道者・平中は、この秘策を1年以上前から選手たちに練習させていた。

「一度も陽の目を見ない作戦だろうと正直、思っていました。でも、わずかでも可能性があるならと」

こんな秘策、本当に役に立つ日が来るのか？　選手たちは戸惑いながらも監督に従い、繰り返し繰り返し精度を磨いた。精度が上がれば上がるほど、陽の目を見た時には〝賭け〟ではなく〝超ファインプレー〟となる。そして全国大会準決勝という大舞台のサヨナラの場面で、秘策は本当に花開いたのだ。


「まさかライトが二塁ベースまでやって来るなんて……度肝を抜かれました」

バッターボックスに立っていた石岡は、しばし呆然と立ち尽くした。

「サヨナラの可能性もあるのに……なんという」

部長の樽本は感服した。

「……さらに上を行くのか……これが中京か」

中河は口をあんぐりさせていた。試合前、中河は口酸っぱく言っていたのだ。

「どの高校も油断できないが、中京は本当に強い。強敵だけど頑張っていこう。俺たちもしっかり練習はやってきたんだから」

と。そう言われた選手たちには、実は釈然としないものがあったのだ。沖西は言う。

「中京が強いというのは知ってました。でも監督がどうしてそこまで特別視するのかなあって。俺たち結構やれるって思ってましたから」

しかし沖西は、いや沖西だけではない。選手たちは全員、中河の警告を肌身で知ることになったのだ。

「びっくりしました。そこまでやるかと。監督の言葉の意味がわかりました」

そして選手たちは中河が恐怖していた意味を、この後たっぷり時間を掛けてさらに思い知ることになる。

大空の彼方から

秘策でピンチを凌いだ中京は活気を取り戻した。大舞台でのるかそるかの作戦をやってのけた自信が、選手たちに勇気を与えていた。

超トリックプレーを見せつけられた崇徳もまた、より一層の闘争心を掻き立てていた。中京は強い。すごい。でも、だからこそ喰ってやる。強いやつを倒すことほど、胸躍る楽しいことはない。

龍虎相譲らず。試合はとうとう26回を過ぎた。この時点で高校野球における最長記録が更新された。

これまでの記録は、１９３３年8月19日に行われた第19回全国中等学校優勝野球大会にまで遡る。これは現在の全国高等学校野球選手権大会、すなわち甲子園の前身にあたる大会である。

この日行われた準決勝第二試合。東海代表・中京商業学校（愛知県、現・中京大学附属中京高等学校）と兵庫代表・兵庫県立明石中学校（兵庫県、現・兵庫県立明石高等学校）との激闘は、延長25回で決着。中京が1－0で勝利し、史上初の三連覇を成し遂げた。

輝かしい歴史を持つ中京大学附属中京高等学校（旧・中京商業）は、学校法人・梅村学園が運営する私立校だが、実はここに奇妙な符合がある。

学園創設者・梅村清光の二男にあたる安達壽雄（学校法人・安達学園の創設者）は、実は岐阜の中京高校の創設者なのである。つまり、延長25回を制した中京商業と平中らの中京高校とは、いわば親戚関係のような間柄にあるのだ。

中京商業の〝中京〟、そして明石中学校の〝明石〟というキーワードが81年の時を越え、2014年にクローズアップされることになろうとは、延長25回を戦った先人たちもまさか、予想し得なかったことだろう。

記録について、もう少し触れておこう。ちなみにプロ野球の延長回数最長記録は、1942年5月24日に行われた大洋軍対名古屋軍で、延長28回である。

この試合に大洋軍のファーストとして出場していた野口明選手は、なんと中京商業出身。しかも明石と戦った延長25回ではキャッチャーとしてフル出場しているのだ。野口明はアマ、プロの公式戦における延長回数最長記録を両方味わっている、史上唯一の選手なのである。

まだ続きがある。この延長28回344球を一人で投げ抜いた大洋軍の投手の名は野口二郎。なんと野口明の弟なのだ。

偶然の一言で片づけるには惜しい、あまりにも面白い符合ではないか。ちなみに明と二郎を含む〝野口四兄弟〟は、戦前野球を知るオールドファンにとっては、不滅の響きである。

名捕手で鳴らした長男・明はのちに中日へ移籍し、正捕手として球団初の日本一に貢献。引退後は中日の監督を務めた。

〝鉄腕〟の異名を取った二男・二郎は、大洋軍から戦争を経て阪急へ移籍。引退後は阪急コーチ、近鉄二軍監督などを歴任した。

三男・昇もまた中京商業出身。阪神軍時代には、対大洋戦で投手・二郎、捕手・明の兄二人のバッテリーと対戦し、打ち取られた経験を持つ。

四男・渉も中京商業の出身。1944年に近畿日本（現・福岡ソフトバンクホークス）に入団している。

中京商業出身で、いずれもプロ野球選手になった野口四兄弟。戦前の野球界に名を馳せた偉大なる先人たちは、はるか大空の彼方から、中京対崇徳をどのようなお気持ちで見守っておられたのだろうか。やはり中京贔屓ということになるのだろうか。いや、崇徳の頑張りにも拍手を送っておられたことだろう。

初めて目にした我が子のガッツポーズ

27回表。

偉大なる先人たちの記録を塗り替え、激闘はなおも続く。一死三塁。ピンチを背負った石岡は、〝打者〟松井と向かい合っていた。

平中は松井を打者としても認め、6番に据えていた。松井自身も「バッティングは好き」だという。

中河に苦悶の表情が浮かぶ。常日頃から「一死三塁を作られるな」と口癖のように言ってきた。叩きが上手い打者に回れば失点を覚悟しなくてはならない最も避けたい状況なのだ。

叩きが上手い打者。実は松井がそれだった。例年、中京のエースはピッチングに専念し、下位打線に回ることが多い。しかし松井が6番に座る理由は、叩きが上手いからだったのだ。

（誰も打ってくれないなら、俺が打つしかない。もういい加減、終わらせる！）

松井は120％叩いてくる。石岡も当然わかっていた。四球で歩かせて満塁策を取り、下位打線と勝負する手もある。満塁のほうがかえって守りやすい。

しかし、石岡は攻めた。松井が初球を叩く。ボールがマウンド手前で高く弾む。三塁走者を帰すには十分なバウンド。石岡が全力で走る。グラブにボールを収めるやいなや、走りながらキャッチャーに素早くトス。間一髪でホームタッチアウト。石岡の真骨頂、会心のフィールディングであった。

観客席から我が子を見守る、石岡の母・久枝は、次の瞬間驚いた。

「拳を握って小さくガッツポーズしたんですよ。あの子は、あんなことしないんですよ、まず」

次男の省悟も思わず隣の母親に向かって呟いた。

「母さん、俺、樹輝弥がガッツポーズするの初めて見たよ」

小学4年生でクラブに入った我が子の試合を、欠かさずに観戦してきた。何百試合と見守ってきた。どんなファインプレーをしても、絶体絶命のピンチを切り抜けても、我が子は常に笑顔だった。しかし今、目の前で我が子は吠え、ガッツポーズしたのだ。

石岡自身がこの場面を振り返り、ガッツポーズしたことに驚いている。

「ああいうピンチの場面で、強気で攻めて打ち取れたんで、つい出たんでしょうね。やっぱ俺スゲエ。俺のほうがスゲエって」

母・久枝は、樹輝弥がどれほどこの試合に燃えているか、懸けているか、その覚悟を知った。同時に、プライドの高い息子が、ゆえに笑顔で突き通す息子の闘志をむき出しにしたガッツポーズに、もうひとつの意味も嗅《か》ぎ取っていた。

「相当疲れていたと思います」

この後、回を追うごとに、容赦のない心身の疲労が石岡の顔から笑みを少しずつ少しずつ削り取っていく。

荒れるエース

30回表の自軍の無得点を見届けると、松井は思わず空を仰いだ。

（まだ続くのか……）

どうして打ってくれないんだ。県大会も東海大会もあれだけ打っていたのに。

全国大会に入った途端、沈黙してしまった打線。しかも継続試合で先攻のため、中京は常に9回裏が続いている状態。松井はサヨナラのピンチを背負いながら投げ続けている。そしてこれからも、味方が点を取ってくれない限り投げ続けなくてはならない。もうひとつの終わり方は、負ける時だ。

どんな試合にもへこたれない心身を養うため、厳しい練習は積んできた。一周500メートルはあろうかというグラウンドを50周。走ることが大嫌いな松井にとっては地獄のようなメニューだった。それでも1周走れば、残りは49周になった。はるか彼方にあるゴールも、周回を重ねるごとに輪郭が少しずつはっきりしてきた。辛くてたまらないが、確実にゴールへ向かう実感が足を前に出してくれていた。

この試合は違う。50、49、48と周回数を減らしていくのではない。1、2……15、30とイニング数が積み上がる一方だ。そしてこの先、どれだけ続くのか誰にもわからない。腕と肩が鉛のように重く、腰から臀部にかけての張りが増してくる。誤魔化しようのない肉体疲労の自覚が、これが夢ではなく現実であることを突き付けてくる。

和田副校長は松井を一言で評すると「ひょうきん者」だという。グラウンドを離れれば、仲間内でも率先して馬鹿をやり、笑わせるほうのキャラクターだ。こと野球に関してだけは〝マジ〟で、ピンチにもポーカーフェイスを貫き、仲間のミスにも「気にすんな」と笑う。

だが、そんな普段の松井はもういない。エースは回を重ねるごとに情緒不安定になっていき、心の平静を失っていった。

（いつまで続くんや……なんで点が入らんのや……なんで打ってくれんのや）

打てない仲間たちに苛立ちを隠せなくなっていた。

「もういい加減にしてくれよ！」

27回に松井はとうとう怒鳴った。

「イライラして声を荒げるようなことは絶対にしない子です。相当追い詰められていたんだと思います」

佐藤部長は言う。松井はその後も、何度もベンチ裏へ消えた。

「なんで、点取ってくれんのや！」

という怒声が響いてくることもあった。時にはベンチ裏に消えても怒声が響いてこないこともある。そんな時は、声も出せずにうなだれている時だった。

苛立ちと落ち込み。普段感情の起伏を見せることのないエースが取り乱している。野手たちは大黒柱を助けてやれず、黙り込むしかない。両者の間に見えない壁が生まれそうになっていた。その壁を懸命に取り払おうとしていたのが、二年生の和田賢人《けんと》だった。

「自分が出来ることは、声を掛けることしかなかったですから」

和田は、孤高のエースに寄り添い続けた。

「踏ん張ってください」

「まだまだこれからです」

ギリギリまで追い詰められた極限の精神状態の中で、頑張っている人間に向かって「頑張れ」というのは禁句だ。しかし16歳の和田には、そんな精神医学的な理屈はわからない。ありきたりな言葉で、不器用な抑揚で、ひたすら松井に語りかけた。

ゴアツは己の無力感に苛《さいな》まれていた。打者として、打つことも出来ない。キャプテンとして、こんな時に効果的な言葉も思いつかない。

中京ベンチに不穏な空気が漂い始めた。

シャチホコ

30回表の中京の攻撃を無得点に抑え、崇徳ナインがベンチへ引き上げる。

「っしゃあ！」

「俺が決める！」

「任せろ！」

野手たちは様々な声を上げながら笑顔でバッターボックスへ向かう。中京とは対照的に、崇徳は相変わらず賑やかだった。「ほんまか？」と石岡も笑っている。

女房役の沖西は石岡の横顔を見た。

（この人、30回投げて笑ってる……バケモノだな）

小さくて細いのに、どこにそんな力が隠れているんだ。成長期の真っただ中で、もうすぐ180センチを越える勢いの沖西は思う。

（でも……さすがに汗かいてるなぁ。普段はこんなにかかないのに）

バケモノなんかじゃない。本当は泣きたいくらい疲れているに決まっている。それを表に出さないだけだと、すぐに気づく。

部長の樽本も当然気づいていた。

「石岡は見せないだけです。本人は否定するでしょうけど、30回投げて疲れてないわけがない」

筆者の質問にも石岡は「疲れてなかったです」とケロリと答えた。そんなわけがないとしつこく突っ込むと「肩が若干張ってましたけど、それでフォームがいい感じで固まって、逆にいい球が行くんですよね」と笑っていた。

（早く決めてあげたい……）

そう思っている沖西の目の前で、仲間たちは奮起していた。先頭の百間がデッドボールで出塁、そして盗塁。続く後藤雄《ゆう》が三振に倒れたものの、弘實がセンター前ヒット。

石岡が四球を選んでワンアウト満塁。あれよあれよで大チャンスを迎えたのだ。

（来たよ……俺の出番が）

先輩方、お膳立てご苦労様です、と言わんばかりに、二年生で4番を張る沖西が打席に入った。

（俺に任せろ。俺が決める）

ピッチャーの投球数と同じ球数を返球し、守備陣に指示を出し、チームを鼓舞し続けるキャッチャー。先発投手に次ぐ疲労を蓄積しているのは間違いない。それでも沖西は全身に力が漲《みなぎ》ってくるのを感じた。アドレナリンというやつだ。

「沖西ですか？　60点ですね」

キャッチャー沖西をどう思うか？　という質問に対して、石岡はそう答えていた。ただし、石岡は付け加えたのだ。

「0点スタートですけど」

小さな大投手・石岡とバッテリーを組むようになってから、沖西は2年生にして60点まで伸びてきたのだ。自分が引退した後、3年生になった頃にはもっと高得点が期待できるはずだと、石岡は沖西の成長を認めていた。

（俺が試合、終わらせますから）

仲間たちから〝自信家〟と茶化される沖西は、ずっと石岡に認めてもらいたかった。認めさせたくて頑張ってきた。

初球はアウトローの直球に振り遅れてファール。2球目。今度は一転して緩いカーブ。思い切り振り抜いた。

(あ……クソッ!)

打ち損じだ。ぼてぼてのピッチャーゴロ。松井は落ち着いて捕球すると、まずはホームへ。受けたキャッチャー西山がゲッツーを狙ってファーストへ送球する。タイムリーを打つことは出来なかったが、せめてアウトになってはいけないと、巨体を揺らして沖西は必死で走る。間に合わない気配を背中で感じる。突っ込め!

焦った沖西は、なぜか一塁へ足からスライディングしようとした。通常、一塁へ突っ込むならヘッドスライディングなのだが、沖西は焦りから来る混乱で足から滑っていったのだ。

(何か違う!)

一塁に達する直前に沖西は気づいた。あわててヘッドスライディングに切り替えようとする。しかし如何せん体勢に無理があり過ぎた。沖西は一塁ベースの直前で足を引っ込めて頭を前に出そうとした時、一瞬正座するような形になった。しかし加速してきた勢いは止められず、空中で弧を描くように前転。逆立ちのような格好から一回転して、最後は仰向けで大の字になった。力走虚しくアウト。しかも最悪のホームゲッツーだった。キャプテンの松田が思い出し笑いで、この時を振り返る。

「セーフになりたくて一生懸命走ったんですから、笑っちゃいけないんですけどね。でも笑っちゃいました」

石岡も笑った。

「なぜ一塁に足から行くのか。もうその日はみんなで、いじりっぱなしでしたよ。シャチホコだ、シャチホコだ、って」

沖西は打つことは出来なかったが、結果的に〝格好のネタ〟を石岡先輩と崇徳ベンチにプレゼントする形となり、ナインをさらに活気づけた。

二日目終了
石岡391球
松井432球

涙と豚しゃぶ

二日間戦っても勝てない。勝負がつかない。闘将平中は、さすがに肩を落とした。

「全国大会前、うちは打っていたんです。東海大会でも10－0、8－2、8－0ですからね。松井が本調子でなかった分、今年は打撃が自信を与えてくれていたんですが……。どうにも石岡君を打ち崩せない。そして崇徳さんは守備も尻上がりに良くなっていくんで……」

打てないことに加え、再三ピンチを背負わされる。そのたびに松井の力投と、秘策も交えた堅固な守備で切り抜けてきた。ある意味、中京の目指す『負けない野球』が実践されてはいる。しかし、この30回までは明らかに崇徳に押しに押されているのだ。

シャチホコ効果で笑いに包まれる崇徳とは対照的に、中京は涙に溺れていた。「クソッ！！！」と怒鳴り、泣き崩れる者。「大河、打てなくてゴメン!!」と詫びながら泣きじゃくる者。すすり泣きではない。ベンチメンバーを含め、全員が号泣していた。

松井がこの時の模様を振り返る。

「例えばファーストの加藤なんかは、普段はあまり感情を露わにしないやつなんですけど……泣いてました」

涙する野手たちの間をすり抜けながら、松井は思った。

（泣くのはおかしくねぇか。まだ負けたわけじゃないだろ）

（そりゃあ打ててはいないけど、ちゃんと守ってくれとるやないか。俺たちはまだ点を取られてない。負けてないいんだからよぉ）

松井は思いを口にしなかった。いや、あまりの疲労で口を開くのも億劫《おっくう》だった。

松井の心中を察してか、目を真っ赤にしたゴアツが声を張り上げた。

「涙を流す姿は今だけにしよう。泣くだけ泣いたら、気持ちを切り替えて、次に行こう！」

輪を抜けた松井を報道陣が囲む。

「……ここまで来たら、勝って平中監督を胴上げしたいです」

松井のコメントを遅れて伝え聞いた平中もまた、選手たちに負けないほどの涙を流した。

（どうにかせんといかん。どうにか打って、松井を助けてやらんと。でも、どうしたらええんや……）

松井の言葉に感動しただけではない。平中は指揮官としての不甲斐なさが悔しくて、また新たなる涙をこぼした。

一方の崇徳は、はしゃいでいた。宿舎に帰って、夕食の献立が〝豚しゃぶ〟だとわかると「おっしゃー!!」と歓声を上げげた。ぶっ・た・しゃ・ぶっ！　と小躍りしている選手もいる。

夕食が始まると、宴はさらに盛り上がっていった。松田はスマホでニュースサイトの検索をしていた。

「〝全国軟式野球大会。延長30回で決着つかず〟っていうニュースが、ダルビッシュとか、本田圭佑とかの話題を抑えて、一番上に来てたんですよ！」

松田がスマホを見せると、選手たちは「おおー！」「スゲエ！」と口々に叫んだ。

「俺たちスゲエ！　シャチホコ！」と大笑いしながら、みんなで豚しゃぶをがっついた。「それにしても笑ったな」と石岡が蒸し返す。またもや爆笑が巻き起こる。最初こそムスッとしていた沖西も、無邪気な仲間たちの〝いじり〟に笑うしかなくなった。

この30回終了後のやりとりは、あまりにも対照的な両チームの姿を象徴するものだ。

中京の選手たちは打てない自分たちを責め、責任を痛感しながら、泣いてエースに詫びた。打てないならばせめてもと、緊張感に満ちた守備を展開して崇徳の猛攻を鎮め、ピンチを切り抜けてきた。

　崇徳にしても、再三チャンスを作りながら、あと一本が出ない。しかしすべてを笑いに昇華させてしまうのだ。一死満塁という絶好機を逃した沖西に対して、それを責める者は誰もいない。本人も悔いてはいるが、心が折れているわけではない。

　確かに、先攻の中京は常にサヨナラのピンチを背負っている分、辛い部分はある。しかし、この両チーム内の雰囲気はそれだけでは説明できない。もうチームカラーが正反対なのだ。一言で表すなら、『エンジョイ・ベースボールの崇徳と、野球道の中京』ということになるだろう。

　では、それぞれのチームカラーはどうやって出来上がったのか。中京の場合は間違いなく、平中監督の指導方針だろう。地道な努力を続け、我慢に我慢を重ね、ひたむきに戦う。汗と涙なくしての勝利はあり得ない。

　まさしく平中が言うところの、〝中京魂〟だ。

　崇徳はどうか。選手の自主性を重んじる中河監督と樽本部長の方針により、チームカラーを作り出すのは選手自身ということになる。そしてその中心にいるのは、選手たちの誰もが口を揃えて言う「ムードメーカーの石岡」だ。

　放任主義ともいうべき家庭環境で育った。母・久枝の教えは、ただひとつ「人をいじめたり、責めたりしては絶対にいけない」だった。石岡は見事なまでにその教えを守り、恐らく無意識のうちにチームへ持ち込んだのだ。

中京と崇徳。どちらが良い悪いではない。あまりにも正反対のチームカラーだからこそ、歴史的な試合が創られた、ともいえる。中京の佐藤部長がこんなことを言った。

「楽しんでいる、っていうのは強いんです。決して手を抜いているんじゃなくて、のびのびとやっている。こっちからしたら怖いんですよ」

ゴリゴリのスパルタで鍛えられたチーム相手のほうが戦いやすい、と佐藤は言う。それはどちらがより鍛え抜いてきたか、という根競べになる。それならば日本一の練習を自負する中京は負けない自信がある。

だからこそ、崇徳のようなとらえどころのないチームは怖いのだ、と。

延長30回終了。涙の味はしょっぱかった。豚シャブは絶品だった。勝負はまたしても日を跨《また》ぎ、翌日に持ち越された。

訪問者

試合後。船坂は傷ついたエースの治療をしていた。

（関節も筋肉も元々硬い。ピッチャーとして決して恵まれた身体ではない。アスリートとしての柔軟性、しなやかさという面においてはむしろ低い。指標的にも非常に低いといっていい。見る限り、石岡君のほうが圧倒的に柔軟性や筋肉の柔らかさは上だろう）

船坂はガチガチに張った臀部を手当てしながら、しみじみ思う。身体は悲鳴を上げている。ギブアップを申し出ても、誰も松井を責めることは出来ない。

宿舎のエレベーターの中では、真っ直ぐに立っていることすら出来なかった。夕食もいつもの半分の量しか食べられなかった。

（フォームの美しさと下半身の強さだけで、ここまでやってこれたといっても過言ではない。それに下半身の力といっても、身体を苛《いじ》め抜いてきた割には報われ切っていない。県大会も東海大会も7回で疲れをみせるほどだったんだから……それがなぜ……なぜここまで頑張れる？　何がこいつを支えてるんだ……）

部屋ではテレビが点いていた。松井の気分転換になればと船坂が点けていたのだ。リモコンを操作しながら船坂が言う。

「どのチャンネルがいい？」

ザッピングの途中で野球中継が映し出された。阪神がヤクルトを圧倒している模様だ。

「……野球以外なら何でもいいです」

松井がそれを冗談で言ったのか本気で言ったのか、船坂は判断しかねた。しかし、しばらくして答えは出た。

「さすがにもう無理です……」

うつ伏せで身を任せる松井が呟いた。

「野球が……嫌いになりそうです」

船坂の手が一瞬止まった。身体的疲労はかなりのものだが、まだ余力はある。私情を排除した医学的な見解としては、まだ〝ストップ〟ではない。しかしもう精神的な限界が近い。無理もない。マウンドを降りるなら降りたらいい。おまえは本当によく頑張った。胸を張って降りたらいいのだ。

しばらくして部屋がノックされた。入ってきたのはキャプテンのゴアッだった。

「普段はしょっちゅう治療に来るのですが、たぶん大会中は、私を松井に専念させるために遠慮していたんでしょうね。でもこの日珍しく事前にメールをよこしてきて。〝行ってもいいですか〟って」

ゴアッは部屋に入ってきて、しばらくしてから呟いた。

「大河……ほんとゴメン」

「ええって。気にすんなって」

治療は続いた。その間、松井とゴアッは楽しそうにお喋りに興じた。治療が終わると松井の表情は明るくなっていた。

「だいぶ楽になりました。自分、明日も大丈夫です」

エースとキャプテンの二人が去った後、部屋に一人残された船坂は「あっ」と声を出しそうになった。なぜここまで頑張れる？　何が松井を支えてるんだ？　その疑問が解けたのだ。

大会中、自分を松井に専念させるため、自身の治療には遠慮がちだったゴアツが、なぜ今日やってきたのか。ゴアツは松井に会いたかったのだ。

「責任感の塊みたいな男ですから、〝松井ゴメン〟ってみんなと一緒に泣くわけにいかないんですよ。強い姿勢を見せていないといけないから。だから松井と二人で話せる機会を作りたかったんでしょう。治療は二の次だったんでしょうね」

謎が解けた船坂は、平中に向けてメールを打った。

絶対に松井を勝ち投手にしましょう

なんだか、すごいことになってるぞ

30回終了後。中京を応援する三塁側スタンドには、松井の父・志修の姿があった。

「30回やって、またサスペンデッドでしょう。大変なことになってきたなぁと思ってましたら、石岡君のお兄さんが尋ねてきてくれたんですよ」

母・久枝と共に応援に駆け付けていた次兄の省悟だ。

「お父さん、すごいですねー！」

人懐こい笑顔を浮かべ、省悟は対戦相手のエースの父親に話しかけた。

志修が振り返る。

「すぐに仲良くなりましたよ。もうね、私ら家族にしてみればね、30回までいったら、敵味方なんかないわけです。どちらが勝っても負けても、正々堂々やって欲しいですね、って。チームメイトの支えがあって、崇徳さんの頑張りがあって、大河は素晴らしい経験をさせてもらっとるわけで。もうね、感謝しかないですよ」

奇跡的な、歴史的な試合の中で、父兄同士の間では絆のようなものが芽生え始めていた。

一方、仕事の都合で明石へ駆けつけることが出来ずにいた石岡家の長兄・史亘は困っていた。ケータイの電源が落ちそうになっていたのだ。

「30回が終わってから、もう仕事中にケータイがずっと鳴りっぱなしで。テレビニュースを見た人たちから〝すごいじゃん〟って何件も」

電話は岐阜県でも鳴りっぱなしだった。学校の留守を守る副校長の和田が、教員室の真ん中で思わず嘆く。

「次から次へと……どうなっとるんだ、まったく」

延長30回を超えたことを受け、マスコミ各社から取材依頼が次々に舞い込んできたのである。

8月29日。30回終了後の、この日の夕方から世間は気が付き始めたのだ。なんだか、すごいことになってるぞ、と。

交代か続投か

三日目。8月30日午前11時2分、継続試合再開。試合は大会史上初の三日目に突入した。

中河は昨晩から今朝にかけて寝不足だった。背番号1に替えるか、背番号6を続投させるのか。

「二日目が終わった夜、石岡は〝絶対に降りたくない、投げたい〟と言っていました。私は返事を保留にして、石岡を診てくれているOBの理学療法士に状態を聞いたんです」

理学療法士の井上靖生《やすお》は、石岡の筋肉に驚いた。柔らかいのだ。その天性の柔軟性ゆえに筋肉疲労が思ったよりも少ない。もちろん、これだけ連投しているのだから疲労はある。しかし、ストップをかけるような限界状態にはまだ少し余裕がある。

井上の返答は、中河にしてみれば悩ましいものだった。いっそストップをかけてくれれば何も考えなくて済む。しかし大丈夫だと言うのだから……ああ、どうしたものか。寝不足にもなる。

朝のアップの様子を確認し、中河は石岡の続投を決めた。ただし〝条件付き〟で、だ。石岡は笑顔を絶やさず、疲労の色を見せようとはしないが、肉体的な限界が刻一刻と近づいていることはわかりきっている。だからこの日、中河が「もう駄目だ」と判断した場合、本人の意思確認なしでいきなり交代をする。たとえ打たれていなくとも、だ。

笑顔悲しく

34回裏。

崇徳の攻撃。ノーアウト。中京が要注意選手に指定する6番の島川が、両チーム通じて初の三塁打を放った。続く岡本和馬《かずま》はサードゴロに倒れたものの、一死三塁。これ以上ないサヨナラのビッグチャンスだ。

「一死三塁は絶対に作るな」

中河は日頃から口癖のように言ってきた。軟式における一死三塁は、叩きによって1点をもぎ取られる可能性が高い。隙間なく塁が埋まった満塁状態よりも怖い。

「27回、中京にこの状態を作られた時には覚悟しましたから」

石岡が会心のフィールディングでピンチを凌いだものの、もう二度と味わいたくない窮地だった。

今度は崇徳が一死三塁を作った。「させるな」ということは「しろ」と同義だ。相手にとって一番嫌なことは、自分にとってはこの上ないチャンスとなる。

「これは勝てる」

「これはいくらなんでも、もらったな」

選手たちは、ベンチの最前列からもう飛び出していく準備をしていた。ただ、石岡だけは静観していた。

「ビッグチャンスだと思いました。でも期待しすぎると駄目だった時にがっくりくるじゃないですか。だから、こういうビッグチャンスの時ほど点は入らない、って自分に言い聞かせてました。入ったらラッキーくらいに思うようにしてました」

石岡と一緒に野球をした選手たちの多くが、敵であれ味方であれ、その見た目とのギヤップに驚く。痩躯から繰り出される球の伸びに、そしてチャラそうな外見とは裏腹な、ゾッとするような冷静さに。

打席に立ったのは、この試合で当たっている高瀬誠也《まさや》。

だが、結果はエンドランで三振ゲッツー。チャンスは一瞬にして潰えた。石岡は淡々とマウンドへ向かった。


40回を越えた。中河は昨晩決心した旨を石岡に伝えた。

「もしかしたらおまえの判断なしで、すぐ代えるかもしれん。さすがにボールの伸びがなくなってきとる。もう限界じゃないんか？」

なんでそんなことを言うんじゃ！　石岡は怒りに燃えた。絶対に嫌じゃ。

「投げれます！　まだまだ長引くと思ってたんで、緩めておったんです」

スタミナを考慮して緩めていただけで、速い球を投げようと思えば全然投げられる。石岡はそう主張した。

腕や肩の疲労はもちろんのこと、痩身の石岡を最も苦しめていたのは下半身の痛みだった。鉛のように重い両脚。そして重低音で鈍痛を響かせる腰。石岡はマウンド上で何度も腰を叩き、グッと背筋を伸ばし直しては投球を続けた。

代えられてたまるか！　気迫がギアを押し上げる。

中河は驚いていた。緩めていただけで速い球は投げられるという言葉通り、石岡の球が走り始めたのだ。

ギアを上げた石岡は、今度は笑う努力をし始めた。これまでは自然にこぼれていた笑みだったが、三日目からは笑う余裕がなくなっている自分に気が付いていた。球速が上がったのに笑っていなかったら、無理していることがバレてしまう。笑おう。笑えば自然に調子も上がってくるはずだ。


「泣くのはカッコ悪い」

と、石岡は言う。だから勝っても泣かない。負けても泣かない。悲しくても悔しくても泣かない。

石岡が泣く時。それはパーキンソン病を患う祖母を見舞う時だけだ。人を想って涙をこぼしても、己に関する涙は許さない。だから笑おうとする。

「とにかく、笑うんですよ」

応援席の久枝と省悟は涙を止められなかった。家族にはわかるのだ。本当に笑っているのか、作り笑顔なのかが。弱音を決して吐かない三男坊の意地が美しく、そして悲しかった。

負けてもいい、もう終わってくれ

三日目の終盤にさしかかっても、試合のイニシアチブは完全に崇徳が握っていた。崇徳が何度も好機を生み出し、中京がそれをことごとく鎮火する。そんな展開が初日からずっと続いている。しかも石岡は崩れる様子がない。40回を超えても笑顔を浮かべ、テンポよく投げてくる。ましてやこの日、一段ギアが上がった気さえする。石岡の快投に引っ張られるように、守備陣も回を追うごとに引き締まっていく。

松井は弱っていた。打てる気がしない。確かに負けない野球を続けてはいるが、打てない限り勝てないのだ。負けないけど勝てない。だから試合は終わらない。

8月はあと二日で終わる。気温は30度にこそ届かないが、真夏の陽はまだまだ高い。にもかかわらず、松井はまるで漆黒の闇に身を沈めているような気分だった。

「先が見えない、長い長いトンネルの中にいるみたいでした」

初日は元気いっぱいに投げた。二日目も疲れてはいたが、「こんなこともある」と自分を納得させながら、我慢の投球を続けた。三日目に至っては、もはや自分を騙すことなど出来ない。降り積もる雪のようにイニングが積み重なっていくのに、スコアボードには延々ゼロが並ぶだけだ。当事者でありながら、信じられない光景だった。

「打たれてもいい。負けてもいい。もう終わってくれ。そんな気持ちでした」

それでも松井は投げ続けた。なぜか。

「石岡君が投げていたから……自分が先にマウンドを降りるのは、それだけは絶対に嫌でした」

では石岡が降板していたら？

「降りていたかもしれません」

冷静さを失い、チームメイトへの不信感すら生まれたギリギリの松井を、勇気づけ、励ましていたのは、他ならぬ石岡だったのだ。

43回表。

松井はまるで味方の拙攻を見捨てるように立ち上がり、ベンチ裏へと消えてしまった。終わりのない戦い、援護のない打線、重く沈殿《ちんでん》していく疲労。エースはもはや怒りの感情すら失っていた。

黙って消えていく――。

女房役の西山がこの時の様子を振り返る。

「それまでは〝ほんと投げたくねぇよ！〟とか、ベンチで怒鳴っていたんです。温厚な大河が声を荒げるなんてこと自体がビックリだったんですけど、無理もないと思っていました。でも、40回を超えて怒鳴らなくなったんです。黙ってしまった。それって余計にヤバいですから……」

松井に終始寄り添い続けている二年生の和田が、「どうしましょう」という縋《すが》るような瞳で佐藤部長を見つめる。

佐藤は和田に微笑みかけると、ベンチ裏へ回った。松井は呆然と虚空を見つめていた。もう怒鳴る気力すらない。佐藤は泣き笑いのような表情を浮かべながら松井の前に立った。

「……」

こんな時、どんな風に語りかければいいのか。倍近い年齢の大人が、18歳の高校生に掛ける言葉が見つからない。しかも相手は疲労困憊《こんぱい》し、精神的にも極限状態にある。極限まで頑張っている人間に「頑張れ」とは口が裂けても言えない。

「……ごめんね」

佐藤は謝った。魂が抜けたようになっていた松井の目の焦点が合った。

「……ごめんね」

〝野球部の母〟の言葉に、松井は黙って頷いた。

放心

45回裏。

松井はラストバッターを空振り三振に打ち取ると、マウンドを軽く蹴った。無得点に抑えたにもかかわらず、苛立ちを隠せなかったのだ。

「こんなこと、初めてやってしまいました」

幼稚園の年長の頃から、毎日グローブをピカピカになるまで磨いていた松井が、マウンドに八つ当たりをした。もう本当に限界だった。

両校選手が整列し、帽子を取って礼をする。次の瞬間だった。

「またじゃけど、よろしくな」

歩み寄ってきた石岡が笑顔で言った。

「……こちらも、よろしく」

松井は握手に応じながら、とっさに返した。

嘘だろ？　なんで笑顔なんだ？　なんで笑えるんだ？　辛くないのか？　どうしてなんだ……いやもう、何も考えたくない。早く宿舎に帰りたい。

しかし、球場を出ても松井はすぐには帰してもらえなかった。昨日の30回終了後から世間が騒ぎ始め、マスコミが押し寄せるようになってはいたが、45回に達したこの日はさらに報道が過熱していた。松井はインタビュアーに対して、

「精神的な疲れ……」

と体よりも心の疲弊を口にした。

「明日は初回に終わらせたい」

石岡は報道陣にそう答え、相変わらずの笑顔を見せた。もちろん疲れている。しかし、三日間やっても決着がつかないという異常事態は楽しい。苦しみながらもゲームメイクしていくのは楽しい。

ただし、1回でも早く勝負を決めたい。疲れているのだ。これ以上続けばもう、さすがに楽しめなくなってしまう。楽しめなくなることこそが、石岡にとっては最も重大な問題だった。

「野球って、どうやって点を取ればいいんだ?」

中河は頭を抱えた。選手たちは十分すぎるほどやってくれている。しかし監督である自分は三日目以降、選手たちにとっておきの秘策も、相手の弱点も、何も伝えてやることが出来ない。

平中もまた放心状態に襲われていた。そして中河と同じく、選手たちに策を授けることが出来ないでいた。

「30回を超えるというのが、そもそもあり得ないこと。ましてや45回。もうね、どうしていいかわからなかったです。開き直るしかなかったですよ」

三日目終了
石岡617球
松井635球

葛藤

三日目終了後の夜。平中は宿舎で苦悶していた。崇徳は二枚看板だ。石岡が降りても重松がいる。しかし中京には松井しかいない。二番手の二年生ピッチャー伊藤頭成《とうせい》はまだまだ心許ない。重要な試合を任せられるのはもっと先の話だ。

引き分け再試合ではなく継続試合。一度選手を交代させると、日付が変わっても再び起用することが出来ない。つまり、勝負のためには松井を降ろすわけにはいかない。しかし、一投手としての疲労度を考慮すると……。平中は頭を抱えた。松井の身体を直接診る船坂の判断に任せるしかない。船坂が「ストップ」と言えば、一秒の迷いもなく降板させる。

船坂は慎重に診察を始めた。松井は疲れてはいるが、この時には表情と口調に明るさが戻っていた。

理由があった。大会規定により、最大延長は54回までに設定されている。三日間で45回を消化しているため、明日は9回を残すのみとなっていたのだ。

泣いても笑っても明日で終わる。トンネルの出口が見えたことで、松井の精神状態が落ち着きを取り戻していたのだ。

もっとも、54回までいって勝負がつかなかった場合は抽選となってしまう。延々戦ってきて、くじ引きで勝負が決まってしまうことに、果たして納得がいくかどうか。この時の松井にそこまで考える余裕はなかった。とにかく明日、すべてが終わる。その確定事項だけが精神安定の拠り所だった。

松井の明るさとは打って変わって、船坂は表情を曇らせていた。

「肘に腫れが強く残るようになっていました。もしかしたら明日は難しいかもしれないと思いました」

松井は明日、当然投げる気でいるだろう。なにしろ、明日一日踏ん張れば解放されるのだ。勝つにせよ負けるにせよ、ゴールまで完走したいだろう。させてやりたい。後悔して欲しくない、と強く思う。

船坂は選手としての栄光を知らない。中京高校在学中、高校二年生の時は全国大会一回戦負け。4番キャッチャー、キャプテンとして挑んだ高校三年の夏は東海大会で敗退。今なお、こうして引きずっている、悔やんでも悔やみきれない思い出だ。

「平中監督は選手としても監督としても日本一を経験しています。だから勝つ喜びを子供たちに教えられる。だったら僕は負ける悔しさを伝えたいと。悔いを残すな、ということを伝えたいと思って、トレーナーとして中京に戻って来たんですから」

明日で終わる。もちろん勝って欲しい。だがそれ以上に、悔いを残して欲しくない。しかし自分は医療のプロとしての責任を負っている。私情によって冷静な判断を失い、選手を壊してしまうようなことがあってはならない。

葛藤の末に船坂は決めた。今はやるべきことをやり、明日の朝、決断を下そう。船坂はマイクロカレント（微弱電流による電気治療）を施した。

「筋肉も細胞の塊です。そこで、細胞の修復を促進する電気を一晩中かけることにしました。オリンピックのトレーナーなんかもよく施すもので、今やスタンダードな治療法です」

これでどこまで回復してくれるのか。明日の朝、腫れが引いていなければ、心を鬼にしてストップをかける。

「明日は最後なんで、頑張ります！　おやすみなさい」

松井の表情は最後まで明るかった。

「6」→「1」

理学療法士の井上は、石岡の身体を診て特に臀部の張りが気になった。しかし天性の筋肉の柔らかさが幸いし、ストップには至らない。

井上から報告を受けた監督の中河は、樽本と話し込んだ。

「ストップではないと」

「……うーん」

「ただし、臀部に張りはあるようです」

「下半身の踏ん張りが利かないってことか……」

下半身の踏ん張りが利かなくなれば、球威や制球力が落ちるのはもちろん、石岡が得意とするフィールディングにも支障が出てくる。中京はバントは使わないが、正確な叩きは明日からの戦いでも何度もやってくるはずだ。

「さすがにねぇ……もう石岡は難しいんじゃなかろうか」

樽本の呻きに中河が頷く。戦略的にもそうだが、何といっても身体の疲労が心配だ。どうしても不安を拭いきれない。井上はストップをかけていないだけであって、ゴーサインを出したわけではないのだ。

「そうですね。明日は……重松で行きます」

中河は決断した。続投させれば、石岡を壊してしまうかもしれない。中河はこの時の気持ちを「怖かった」と素直に語った。

決断してすぐ、二年生の三番手ピッチャー・村上槙《しん》を呼びつけた。

「……明日、重松で行く」

「……そうなんですか……」

「ただ、明日の準決勝も9イニングいくかもしれん。そしたら決勝はおまえが投げんといけんぞ」

「……はいっ」

村上の声はうわずった。

「その可能性がある、ということだ。心の準備だけ、しとけ」

指揮官はそれだけ言い残して去っていった。

列島を駆け巡る

延長45回終了後。ようやく試合会場に駆けつけることが出来た石岡家の長兄・史亘は嘆いていた。30回終了後以上にケータイが鳴りまくり、みるみるうちにバッテリー残量が減っていったからだ。

「すごいな！」

「ニュースで見たぞ！」

「球場にいるのか？　どうだ弟の調子は？」

ひとつの電話が終わると、メールやラインが山のように入っている。確認する間もなく電話が鳴る。

『延長45回』

見たことも聞いたこともない前代未聞の数字に、マスコミは飛びついた。テレビ、新聞、ネットに加え、ツイッターやラインといった個人間連絡ツールを通じ、『延長45回』が瞬く間に日本列島を駆け巡った。

「自分は営業職というのもあって、特に連絡が多かったんだと思いますけど」

中にはこんなやりとりがあった。

「あれ、親戚かなんかか？」

「いや、弟なんです」

「すごいな！　もちろん明日も応援か？」

「明日、部長が仕事入れとるけん、広島帰ります」

「ああ？　わしから部長に電話してやる！　おまえはそっち残れや！」

あわてて部長から電話が入る。

「すまんの！　残ってもええで！」

こんなメールもあった。


ジュキ、ヤバいじゃん！

ソフトバンクの柳田からだ。史亘とのやりとりが始まった。


ヤバいやろ？

ちょっとジュキに志望届を書かせとけって。

どうなん、そっちの状況的には？

ソフトバンク内でも、てか、プロ野球界でも結構話題になっとるよ。「あいつら見習え、あいつら一人で投げよるんで」みたいな感じで、ミーティングでも言われたわ。

ミーティングの席上、柳田は「あれ、友達の弟です」と誇らしげに言ったという。史亘から聞いたエピソードだけでも、これだけある。選手、関係者、野球ファン、ニュースで知った人々などの繋がりを樹系図に描けば、その網が日本列島を覆い尽くしたことは想像に難くない。

今回取材に応じてくれた関係者のすべてが口を揃えて言った。

「高校軟式野球に脚光が当たったことが何より嬉しい」

と――。

運命の朝

準決勝、四日目の朝。

船坂は松井の肘を診た。腫れが引いていないようならば、心を鬼にしてストップをかけなくてはならない。果たして……腫れは引いていた。当然、張りは残ってはいるが、炎症は治まっていた。

「投げてもいい。ただ、何度も言うけど、バランス良く投げること。下半身が疲れているから、上半身だけで投げようとしてしまうので気を付けて。スピード落ちてもいいから、とにかくバランスな」

「はい！」


バイキング形式の朝食。仲間たちよりも頭ひとつ大きい重松は、猫背になりながら皿に目玉焼きやらベーコンやらを盛り付けていた。ふいに誰かが背中を叩く。石岡か？　百間か？　振り返るとそこには中河がいた。

「今日は、おまえで行くぞ」

「………え、あ…はい」

重松の掠れた返事を聞くと監督は去っていった。突然の出来事に、崇徳の巨人は皿を持ったまま、その場で立ち尽くした。

キャパシティ4300人の明石トーカロ球場には、5000人を超える観客が押し寄せていた。地元ファンも「プロ野球のオープン戦でも、こんな大勢の人は見たこともない」と舌を巻くほどの超満員だ。

30回を超えてからテレビニュースや新聞、ネットニュースなどが次々に取り上げ、45回を超えた昨日はワイドショーまで特集を組んだ。日本列島を駆け巡った延長45回というあり得ない数字。その意味と結末を目撃しようと、多くの人々が押し寄せたのだ。

「なんだこれは……」

中河は大観衆を前に言葉を失った。そして中河以上に、心の平静を失っていたのが重松だった。

重松の気持ち

「ヤバい……」

重松は大観衆を見渡して、生唾を飲み込んだ。鼓動がどんどん早くなり、膝がガクガクと震え出した。

「実は朝、監督に言われてから朝食も進まなくて。で、球場に来てみたら、すごいことになってて……」

この異常ともいえる熱気の中で登板して打たれたら、負けたら……石岡がひとつひとつ積み重ねてきた45イニングを台無しにしてしまうんじゃないか。ぶっ壊してしまうんじゃないか。無理だ。投げられない。投げたいけど、怖い。やっぱり投げられない。重松の背中を冷たい汗が伝った。

重松がテンパりにテンパっている時、中河もまた苦悶していた。一度は決めたはずの石岡降板&重松継投策が、大観衆の熱狂を前に揺らいでいたのだ。

投手起用に関しては、続投にせよ、継投にせよ、いずれにしても、真っ先に指揮官である監督は批判の的に晒される。そんな覚悟はとっくに出来ている。問題は自分ではなく、重松だ。

石岡が打たれて負けた場合、世間は納得するだろう。ましてや「よくやった」と絶賛されるだろう石岡に代えて重松が登板し、もしも負けてしまった場合はどうか。世論の矢面に立つのは重松だ。

「どうしてあんなピッチャーに代えたんだ!」

「大事な試合を壊しやがって!」

といった心ない非難が降り注ぐことは、容易に想像がつく。ただでさえ気の小さい重松に、その矢が突き刺さるのだ。重松はきっと耐えられないだろう。いや、重松でなくとも、心から夥《おびただ》しい血を流すに違いない。

「そうなったら重松は、一生引きずるような心の傷を負ってしまうと思いました。もう野球をしたくない、見たくもない。そんな風に思ってしまうんじゃないか。それが一番怖かったんです」

樽本も全く同じ気持ちでいた。

「監督と同じ気持ちでした。重松へのプレッシャー、そして負けてしまった場合の重松への非難が、怖かったです」

中河は投手陣を集めて緊急ミーティングを開いた。石岡、重松、三番手の二年生・村上を呼びつけ、四人で話し合った。

「石岡……行けるのか？」

「はい！　行けます！」

石岡の口調には、なぜ俺を代えるのか、という怒張さえ含まれていた。中河は石岡と重松を交互に見て言った。

「………両方、準備しておけ」

まだ決められなかった。石岡と重松がベンチの隅で話し始めた。

「俺がこの試合、勝つけ。おまえ、次の試合で暴れろよ」

石岡が言った。中京は俺がやっつける。決勝で重松、おまえが投げろ。この一言は、重松のこんがらがった思考の糸をすっきりと解く説得力があった。

中河に呼び出された重松は言った。もう肚《はら》は決まっていた。

「この試合は石岡のもんです。石岡に行かせてあげてください。僕は……決勝で投げます」

「……わかった」

中河は石岡の続投を決めた。今度こそ本当に最終決断だった。

泣いても笑っても

8月31日。中京と崇徳の死闘は、この日で必ず終わることになっていた。『最終日にあたる四日目は最大9イニングまで』という大会規定を主催者側が決定したからだ。つまり前日が45回で終わっているため、延長は最大で54回までということになる。では54回でもなお決着がつかなかったら？　なにしろ45回まで鎬《しのぎ》を削ってきた両校だ。十分にあり得る。その場合は抽選だ。

両チームのナイン18人分の封筒が用意される。その中にひとつだけ「○」の書かれた紙が入っている。これを引いた側のチームが勝ちとなる。

平中は言う。

「勝って決着したい。もちろんそう思っていました。崇徳さんも同じでしょう。でも正直に言えば、勝ち負けの以前に〝もう今日で終われる〟という思いが真っ先に浮かびました」

樽本が言う。

「もちろん、どちらが勝つにせよ、試合そのもので決着するほうがすっきりはします。でも仕方がないとも思いました。45回を超えてるわけですから、本当にいつまで続くのかわかりませんから」

選手たちだけではなく、指導者たちもまたこの三日間で神経をすり減らし、疲れ切っていたのだ。

佐藤が言う。

「くじ引きって勝ち負けじゃなくて、当たり外れですからね。そうなったら、うちは外れると思っていました。以前、2011年に山口国体で決着がつかなかった時、くじ引きになったんです。で、外れました。うちはくじ運がないですから。でも、外れと負けは全然違いますから」

選手の家族たちはどう思っていたのか。松井の兄・駿が言う。

「ないですよ。冗談じゃない。だってテレビでビートたけしさんも言ってましたよ。〝嫌だ！　みんなで反対運動やろう、決着つけろ。どうなってんだ！〟って。その通りですよ」

松井の祖母の勝子が言う。

「残酷すぎます」

世間はどう思っていたか。

例えば、筆者の周囲の声は一様に「あり得ない」「選手がかわいそう」というものだった。両投手をはじめ、選手たちの身体を心配しながらも、「じゃあこれまでの延長に次ぐ延長は一体何だったのか」という意見に集約されるのだ。

では、肝心の選手たちはどう思っていたか。もうこれは一人の例外もなく「絶対に白黒つけてやる」「絶対に最後まで戦って勝負をつけたい」であった。

勝者と敗者が決定するのか。あるいは敗者なきまま抽選に委ねられるのか。いよいよ審判の日がやってきた。

最終決戦

試合開始前。観客がテレビニュースのインタビューに答える。

「勝っても負けても、ほんとに称えてあげるしかないっすね。この伝説に残る試合をね」

「ここまで来たんですから、結果はどうであれ、最後まで一生懸命頑張っていただければと」

午前9時2分継続試合再開。泣いても笑っても最終日となる、中京対崇徳の試合が延長46回から始まった。そしてこの瞬間、世界記録も塗り替えられた。

1983年9月20日。第38回天皇賜杯全国軟式野球大会（茨城県）の決勝戦、田中病院（宮崎県）対ライト工業（東京都）の延長45回（試合時間8時間19分）。この試合を超えたのだ。

「まさか、こんな展開になるなんて。しかも大河がここまで投げ切る体力と根性があるだなんて、初めて知りました。我が子ながら感動させられました」

松井の父・志修がしみじみと言う。

「奇跡みたいな試合です」

奇跡的な試合が生み出された要因のひとつは、全く違うチームカラーの激突にある。火と水。剛と柔。威厳を湛《たた》えた王者と勇敢な挑戦者。中京が涙を流せば、崇徳は笑う。平中がじっと腕を組めば、中河は檄を飛ばす。戦闘機が縦横無尽に空を駆けるが如く石岡が飛び回れば、松井は草の根一本残さぬ重戦車の如く前進する。

それぞれの個性と長所がぶつかり合い、絡まり合って、均衡を保つ。その積み重ねが45回続いてきた。敵同士として試合を作り、共同制作者として奇跡を創っている。

松井が言う。

「石岡君が投げていることに、ずっと引っ張られてきました。でも二日目の後半と三日目は、もう降りたいと思っていました。四日目は最終日ということで精神的に楽になりました。もう泣いても笑っても終わりなんだって。そう思ったら、絶対に石岡君よりも先に降りたくないって」

石岡が言う。

「松井君が投げ続けているから、先に降りたくない、負けたくないというのは確かにありました。でも松井君が降りても、それが何回であったとしても、自分は投げ続けたい。そう思っていました。最初からずっと。だって投げるの楽しいですから」

二人の投手は最後の力を振り絞って投げ合う。松井を助けたい中京の仲間たちが石岡に吠えかかる。石岡を助けたい崇徳の仲間たちが松井に牙を剝く。

46回。47回。48回。49回。魂と魂の総力戦が、その意地と誇りの証として、力強いゼロを刻んでいく。

事実は小説よりも奇なり

試合時間が10時間を越え、延長50回へ突入した。

空前絶後、前人未到、史上最長……ｅｔｃ。様々な形容詞は、50という数字を前にもはや意味をなさない。映画やドラマ、漫画で描けば笑われる、いやそもそも人間が発想すらしない数字。『事実は小説よりも奇なり』ということわざが、１００％正しいことを証明する数字だ。

「……頼むぞ」

打席に向かう女房役の西山に、声を掛けたのは松井だった。

「任しとけ……」

西山は、崇徳戦通算20回目のバッターボックスへ入った。その言葉通り、気合で振り抜いた打球が、セカンドの弘實を強襲する。「何としてでも」という魂のヘッドスライディングで内野安打。

無死一塁。平中の指示を忠実に実行してきたライトの大島は、この時もサインにしっかり頷いた。送りバントだ。

石岡はもちろんわかっている。素早く反応し、迷うことなく二塁へ送球する。しかし、この送球が大きく逸れる。サードの島川は驚きを隠さず言う。

「あそこまで逸れるのは初めて見ました」

軽快なフィールディングは石岡の真骨頂だ。その石岡が送球ミスを犯した。他のピッチャーならいざ知らず、こと石岡に関してはあり得ないような失敗。

「下半身が言うことを聞かなかった。無理矢理に上半身で投げたら……逸れました」

理学療法士・井上の、悪い予感が現実のものとなった。

無死一、二塁。打席にはサードの中上が立った。石岡はインコース高めを意識して、気合だけで投げた。もう肉体ではなく、精神そのものが球を投げていた。

ボールが大きく逸れる。伸び上がって捕球しようとした沖西のミットを弾く。

記録は石岡のワイルドピッチ。ランナーはそれぞれ進塁し、無死二、三塁。

〝あり得ない〟が二度続いた。だから、それはもう現実だった。石岡は限界だった。

98個のゼロ

中河は満塁策を指示した。フォアボールの中上が一塁へ向かい、ベースはすべて埋まった。無死満塁だ。

「かっとばせ～ゴッアツ！　ゴッアツ！」

中京の応援団が俄然活気づく。

四日目の朝。ゴアツは選手たちを鼓舞した。

「もう手足が取れようと、どうなろうと、今日で終わりなんだから。もう振り絞って、すべてを出そう！」

ついに、すべてを出す時がやってきた。

「後藤は去年、三連覇を逃した時の最後のバッターだったんです」

平中が言う。

「あいつが打席に立った時に、私はもう確信しました。この場面であいつに回って来るというのは、もう運命なんだと。あいつの死ぬほどの思いを私は見てきたつもりですので。ここで打てないなら、野球の神様はいないんじゃないかと」

スタンドからゴアツを見守っていたコーチの福井は、すでに涙が止まらなかった。大会の二日前。ゴアツは自分の目の前でギプスを外した。全国大会は終始一貫して泣き言は言わず、弱音も吐かず、全力でプレーし続けてきた。痛がる素振りは一切見せず、誰にも気づかせなかった。

「必死に痛みを堪えていたんだと思います。試合の最中は元気に動いていましたけど、終わってからは何でもない場所で転んだりしていましたから」

打たせてやりたい。いや、打つはずだ。あいつなら、意地で何とかしてしまう気がする。何とかしてくれ。打たせてやってくれ。

ゴアツはバッターボックスに向かった。小刻みに震える手足。

（俺……びびっとるなぁ……）

心揺らぐ自分を認め、それをすぐに打ち消そうとした。

（こんな心理状態じゃ絶対に上手くいかん……切り替えろ。吹っ切れ。思い切り行け）

1球目。石岡は渾身のストレートを沖西のミットへ叩き込んだ。

（まだこんな球を投げられるんか……）

松井以上のピッチャーなんか、高校軟式野球界にはいないと思っていた。この試合まではもう認めるしかない。石岡は松井と並ぶ最高レベルの投手だ。この素晴らしい投手に向かっていくためには、同じだけの気迫をみせなくては駄目だ。ゴアツはグリップを強く握り直した。

（自分を信じろ。強く叩け）

ノーボール1ストライク。ゴアツは2球目を待ちながら思った。

（初球はすごい球やった。石岡君は間違いなく勝負に来とる。次も力いっぱいのストレートが来る……逃げる手はない！）

平中もそう感じていた。

（石岡君は勝負に来とるぞ。エンドランや。思い切り叩け！）

石岡は迷わなかった。

「残っている体力を全部注ぎ込むつもりで。全力で放りました」

中京戦通算686球目。石岡自身が「最高のボールでした」と自負する渾身のストレート。

ゴアツは白球を上から叩きつけ、より高いバウンドを実現させようと試みる。しかし石岡の魂が乗ったストレートは、まるでホップするように伸びてくる。振り抜くバットが、白球の上ではなく下をすくう形になってしまう。

（……やっちまったぁ……）

打球がふわりと宙を舞い、ライト方向へ飛んでいく。叩き失敗。明らかな打ち損じ。

（もうどうでもいいから、フェアゾーンへ落ちてくれ！！！）

祈りながらゴアツが走る。打球はファースト長尾の頭上を越えていく。石岡が言う。

「ボールが落ちていく瞬間が、スローモーションみたいに、すごくゆっくり見えました」

タイムリーツーベース。

西山は喜びを刻印するかのように、ホームベースを両足で二度踏んだ。続いて二塁から大島がホームを駆け抜け2点目が入った。

ベンチ前での投球練習を止め、行く末を見守っていた松井は、

「やったー！！！」

と叫び、仲間たちと抱き合った。

打ったゴアツは二塁へ達した。そして石岡を見た。石岡は微笑んでいた。

電光掲示板。98個続いたゼロ。99個目に「2」が灯る。長すぎた均衡がついに破られた瞬間だった。

なおも無死二塁三塁。小池が叩いて三塁の中上をホームへ返す。3点目。4点目を貪欲に狙うゴアツが積極果敢にホームへ突っ込む。ファーストの長尾がホームへ鋭い送球をみせ、アウト。続く柴山がファーストフライで三死。

運命が割れた50回表。中京の猛攻が終わった。

決着

50回裏。

松井は最後の力を振り絞るようにして投げた。先頭打者で5番の長尾を、まず三振に打ち取った。続く6番の要注意バッター島川も、また三振に倒れた。

松井はあとアウトひとつに追い込んだ。崇徳はあとひとつに追い込まれた。

（打つ！　高瀬につなぐ！）

7番の岡本が意地でレフト前に運んだ。二死一塁。打席には8番のレフト・高瀬が入った。この試合では当たっていた。5安打はチーム内で最も多い。

高瀬の父は崇徳高校OBだ。その影響もあり、息子の誠也は小学生の頃から「高校は崇徳」と決めていた。宣言通りに崇徳へ入学し、軟式野球部に入った。最高の仲間たちと野球を楽しみ、最高の仲間たちと共に全国大会という晴れの舞台へ辿り着いた。

初戦、準々決勝と堂々勝ち上がった。そして準決勝は思いもよらぬ死闘となった。延長50回。辛くて疲れて、それ以上に楽しくて仕方ない戦いはまだ終わってない。まだ続いている。ここで終わってたまるか。

1ボール2ストライクからの4球目。中京のエース松井は、セットポジションからクイック気味に腕を振り抜く。打ってやる。絶対に打ってやる！　高瀬がグリップを強く握り締める。バットの下をボールがすり抜けていく。

松井大河の709球目が西山のミットに収まった。


鳴り止まない拍手。佐藤部長は何度も何度もグラウンドに向かって呟いた。

「ありがとう。みんなありがとう」

溢れる涙が止まらなかった。

「よう頑張った！　胸を張れ！」

樽本部長は叫んだ。

「あっという間だったなぁ」

捕手の沖西は青い空を仰いだ。


両チームが整列。帽子を取って一礼した後、中京と崇徳は互いの汗と傷と絆を確かめ合うように歩み寄り、握手を交わした。

ゴアッと松田が抱き合った。

「ありがとう」

「ありがとう。お疲れ」

「絶対おまえらの分まで優勝する」

石岡は松井のほうへ歩み寄った。

「おまえ、やっぱし強いなぁ。絶対優勝してくれよ」

石岡は思っていた。絶対に優勝してくれなくては困る、負けることは許さない、と。崇徳とこれだけやり合った中京が負けるとあっては、俺たちの顔も丸つぶれだ。

「うん。任して」

松井は答えた。

勝ち投手となった松井はこの時のことを振り返り、石岡から激励されたことを「嬉しかった」と言った。そして負け投手となった石岡もまた、松井から頼もしい返事が聞けたことを「嬉しかった」と言った。
二人は敵同士として火花を散らしながら、ピッチャーという境遇を共有する同志でもあった。まるでもつれ合うように、時には寄り添うように、支え合ってきたのだ。この5秒にも満たない短いやりとりで十分だった。それ以上の言葉は必要なかった。

松井　709球
延べ179打者
被安打26　奪三振35　四死球16　失策1

石岡　689球
延べ184打者
被安打22　奪三振24　四死球16　失策3

両投手の合計球数　1398球

10時間18分に及ぶ死闘に幕が降りた。

夏の功罪

延長50回。

30回を超えてからマスコミ各社が飛びつき、45回を超えてからはニュース番組やワイドショー、スポーツ紙等の各種メディアが特集を組んだ。見たことも聞いたこともない〝延長50回〟という言葉は日本列島を駆け巡り、あまりにも大きな反響を呼んだ。野球のルールを全く知らない筆者の母親も、久しぶりの電話の第一声が「延長50回って、どういうこと?」であった。

有名人たちの反応も様々であった。教育評論家の尾木ママこと尾木直樹氏は自身のブログで『高野連に大いに不信感抱きました! こんなバカな試合やらせるとは教育機関なのかどうか スポーツマンシップに反します 反教育も甚だしい 選手の健康、安全への冒瀆 残酷ショーさせた高野連に緊急見解を求めます』と憤慨した。

一方、東北楽天ゴールデンイーグルス・シニアアドバイザー(当時監督)の星野仙一氏は、延長45回で決着がつかなかった30日に「いい人生じゃないか。試練の連続を経験しているなんて」と感想を述べた。

世論も、およそ上記のような尾木氏的意見と星野氏的意見、あるいは二つの意見を足したものに分かれた。


肝心の当事者たちの気持ちはどうだったのか。

平中は言う。

「これだけの球数を投げさせるということ。将来ある人間にここまでやらせたことに関しては、確かに悩みました。しかし彼らと過ごした3年間は、誰にも恥じるようなことはないですから、後悔はありません」

中河の弁。

「投げさせ過ぎたという思いは当然あります。でも、もう一回同じような試合をしても、ピッチャーを代えることは出来ないと思います」

代えない、ではない。代えることが出来ない、というのが中河の本音だろう。

そして両監督は「中京あってこそ」「崇徳だったからこそ」と強調し、「勝敗を超えて学ばせてもらった」と口を揃えた。

松井はこう振り返る。

「一人ではなく、仲間を信じる大切さを、50回を通して改めて感じました。崇徳さんにありがとうと伝えたい。幸せな時間でした」

ゴアッ。

「これから自分が人生を歩む中で、間違いなく糧となるというか、本当に苦しい時は、この試合を思い出せば、絶対勇気をもらえるというか。将来につながる1試合でもありましたし、生まれてからこれまでの集大成でもある1試合でした」

松田。

「仲間を、みんなを信じることの大切さがわかりました。そして野球を通じて、新しい仲間が出来たことが嬉しかったです」

石岡。

「投げさせてもらって良かったです。今後の人生にとって、大きな宝物になったと思います」

史上初。世界最長を記録した終わりなき夏は、彼らの肉体に少なからぬ負担を強いた。そして同時に、計り知れない宝物をもたらした。

第五章

駆け上がる

エースの休息

死闘から決勝戦までには、2時間半という時間があった。

「正直、時間が空きすぎだと思いました。せっかく温まっている選手たちの肩が冷えてしまうし、何より緊張感が切れてしまうのが一番怖かった」

船坂はいっそ数日後か、さもなければすぐに決勝戦をやりたかったと言う。平中も同じ気持ちだった。崇徳戦が終わった後、こぼれそうになる涙を堪えて選手たちにこう告げていた。

「10分だけ時間をやるから喜べ。次に集合かけた時には、もうマジになってろ！」

歴史的な延長戦は終わった。しかしまだ決勝が残っている。準決勝に勝つために、これまでやってきたわけではない。あくまで決勝を勝ち切り、日本一になることを目指してやってきた。だからこそ2時間半という時間は、どうにも中途半端で嫌だったのだ。

とはいえ、大会進行に物申しても仕方がない。船坂は自分の仕事に徹した。四日間投げ抜いてきたエースのケアである。

（しかしまぁ、よく投げ切ったもんだ……）

「船坂さん……」

「ん？」

「自分、投げたいです。決勝も先発したいです。本当に駄目ですか？」

前日の夜。平中は〝決勝に行けたとしても松井は先発させない〟と明言していたのだ。

平中が疲弊しきったエースを休ませたかったのは言うまでもないが、もうひとつ、松井を先発させない理由があった。

大会規定により、ダブルヘッダーの場合、一人の投手が投げられる制限が最大15イニングと決まっている。松井はこの日、崇徳戦ですでに5イニングを消化している。残りは最大で10イニングという計算になる。

一方、これも大会規定により、ひとつのチームが戦える最大イニング数が18と決められている。崇徳と5イニングを戦った中京は、最大で残り13イニングを戦うことが出来る。つまり、三浦対中京の決勝戦は最大延長が13回まで。それで決着がつかなかった場合は両校準優勝（優勝預かり）という措置が取られるのだ。

ややこしいが、つまり三浦戦が延長13回まで伸びた場合が問題なのだ。最大で10イニング投げられる松井が先発すると、1回から10回までは投げられるが、残りの11、12、13回を投げることが出来ない。

「なんせ崇徳戦が延長50回だったわけですから、三浦戦だって最大延長の13回まで行くことは、十分あり得るわけです。その場合、松井を先発で使ってしまうのはリスクが高いんです。エースを使うとしたら、出来るだけ試合の後半へ持っていきたいので」

平中はあらゆる可能性を想定し、3回までは二年生投手の伊藤を起用し、4回以降を松井で行くと決めた。そうすれば最悪、延長13回までもつれても、松井に最後のマウンドを託すことが出来る。

「本当に駄目ですか？」

松井はもう一度聞いた。きっと仲間たちは打ってくれる。そして自分は1回から9回を無失点でぴしゃりと抑える。だから先発したい。いや、マウンドを誰にも渡したくない。

「……やっぱり4回までは我慢しよう。おまえの身体のことはもちろん、チームのためを考えて、戦略的な意味で、監督が決めたんだから」

松井は即答しなかった。それは悔しさを押し殺すための数秒だった。

「……わかりました」

松井は無言で船坂の治療を受け続けた。それはエースにとって束の間の休息となった。

千の贈り物

松井が船坂のケアを受けている間、キャプテンのゴアツは球場の外へ出向いていた。崇徳のキャプテン松田に「呼び出されて」いたのだ。

崇徳のキャプテンは、中京のキャプテンに千羽鶴を託した。広島県大会、西中国大会で散っていった各高校、全国大会で崇徳に敗けた上田西高校、文徳高校。そして中京に破れた崇徳高校。それぞれの高校名が入った千羽鶴を受け取ったゴアツの手は震えた。返す言葉はひとつしかなかった。

「……絶対に優勝するから」

ゴアツはかけがえのない贈り物を受け取った時の心境をこう振り返る。

「本当に嬉しいというのと、本当にありがたいというのと。これが野球が持ってる力というか。絆が生まれた瞬間だと思いました」

ゴアツが〝想い〟を受け取り、松井がケアを終え、いよいよ両校の選手たちが決戦の地へ集結した。ゴアツは選手たちを率いて、声援を送ってくれる応援側のスタンドへ向かった。一列に並び、感謝の一礼を捧げようとした、その時だった。

「あ！」

ゴアッは思わず叫んだ。ゴアッだけではない。中京ナインは一斉に驚きの声を上げた。三塁側スタンド。中京高校の応援団、父兄、ＯＢＯＧに混ざり、崇徳の選手たちの姿があったのだ。さっきまで死闘を演じていた敵が今、〝崇徳スマイル〟を湛え、こっちに向かって手を振っている。

こんなことってあるんだろうか。もしも逆の立場だったら。俺たちはきっと、応援する心の余裕なんかなくて、まだボロボロに泣き続けているんじゃないか。

「ビックリしました。千羽鶴を託してくれた時に〝あとで応援に行くよ〟なんて言葉もなかったですし。ちょっと泣きそうになりました。グッと来ました」

石岡が振り返る。

「誰が言うでもなく、自然に〝応援に行こうや〟ってなって。なんかマスコミの人たちは美談みたいにしてますけど、そういうつもりじゃなくて。自然な流れだったんです」

美談は作ろうとしては決して生まれない。人々の素直な感情の交流が、結果として美しく結晶するものだと教えてくれる。

崇徳の選手たちはメガホンを叩き、「頑張れよ」と叫んでいる。その声は５０００人を超える観衆のざわめきを縫って、中京の選手たちの耳の奥へ響いてくる。

ゴアツの中で驚きはすぐに感動へと変わった。そして感動はすぐに決意へと結実した。本当に負けられない。絶対に勝たなくてはならない。もう自分たちのためだけの優勝じゃない。俺たちには日本一になる責任がある。

プレイボール直前。ゴアツは選手たちに檄を飛ばした。

「崇徳のみんなも応援してくれてる。絶対に勝たなくちゃいけない。延長50回は長い長い通過点だったんだ。勘違いしちゃいけない。俺たちはこの試合に勝って日本一になるために、すべてを捧げてきたんだ！　これですべてが決まるぞ！」

後輩の奮投

岐阜・中京高校の教員室で、和田副校長はＮＨＫのラジオ中継に耳を傾けていた。

「46回まで行った頃から、うちが勝とうが崇徳さんが勝とうが、もう褒めてやるしかないと思っとりました。ただひとつ、この延長戦を制した学校が間違いなく優勝するという確信はありました。仮に崇徳さんが勝っとったとしてもね」

和田は振り返って言う。

「三浦さんは敵ながら、ちょっと気の毒だと思ってましたよ。だって、28日に準決勝を勝って決勝進出を決めていたわけですよ。それがよもやの延長に次ぐ延長でね。待たされすぎましたよ。ゆっくり休めたという見方も出来るけど、やっぱり勢いが違うでしょう。あの延長を制してきた学校とでは、熱が違う。贔屓目なしにそう思いましたよ」

図らずも休養することが出来た三浦学苑よりも、50回という途方もない激戦を制してきた中京のほうが、勢いで優勝を持って行ってしまうのではないか。それが和田の見立てだった。

確かに、延長50回を戦い抜いた中京には勢いがあった。そしてそれを後押しする大応援があった。チアリーダーたちに吹奏楽団、多くの父兄、そして何といっても崇徳の選手たち。加えて、殺到しているマスコミ陣たちはこぞって『延長50回というドラマの果てに中京が優勝』という筋書きを熱望している。三浦学苑には何の罪もないが、状況的には完全なアウェイになってしまっていたのだ。4番センターの柴山も決勝戦の様子をこんな風に振り返っている。

「球場全体の雰囲気が、三浦さんには完全にアウェイで、僕たちには完全にホームでした。明石がまるで本拠地みたいな。だから三浦さんには悪いけど、僕らにしてみたら野球を楽しむには最高の環境でした」

12時30分きっかりにプレイボール。マウンドには松井ではなく、二年生ピッチャーの伊藤が上がった。

「松井に比べればスピードも球威もありませんが、比較的コントロールがまとまっていて安定していています。大崩れしないピッチャーですね」

船坂は二年生の伊藤をこう評する。

「伊藤のストレートは130キロ台は出ていないと思います。でも速くないからこそバッターは打ちづらい。タイミングが取りづらいんです。だから一巡目は抑えてくれる。ただし二巡目に入ると、バッターも目が慣れてきてタイミングを摑んできますから、打たれてしまうことが多い。それが課題なんですが」

船坂と平中は、この伊藤の特性を生かした戦略を立てた。

「伊藤は一巡目は打たれない。つまり3回までは失点ゼロで抑えてくれる。そして4回から松井にバトンタッチするんです。そうすれば最大延長に規定されている13回まで試合が伸びても、松井は最後まで投げられるので」

松井を休ませ、温存する間、伊藤が3回を無失点で抑える。その通りに行けば限りなく理想に近い。

「しかも三浦さんとすれば、さんざん待たされた挙げ句に、いざ戦うとなったらピッチャーが松井じゃないわけです。これは調子が狂うと思うんですよ」

船坂と平中の読みは的中した。三浦打線は全くデータのない伊藤というピッチャーに戸惑い、とらえることが出来ない。

「緊張するだろうけど、ヤバくなったら俺が行くから安心しろ。のびのび投げてこい」

試合前、憧れの先輩にそう声を掛けてもらっていた伊藤は、持ち味を生かして三浦打線を翻弄していく。全国大会決勝という大舞台。ましてや伝説になるであろう延長50回の余韻が渦巻く明石で先発。絶対に試合を壊せない。口から心臓が飛び出そうなプレッシャーに晒されながら、伊藤は自分の責務を果たそうとしていた。船坂は言う。

「上出来というか、想定以上の出来でした。本当によく投げてくれました」

夏の日の交錯

エース松井に代わり、伊藤が初回、二回を無失点でクリア。スタンドには中京を応援する崇徳の選手たちの姿があった。

中京の応援は熱い。スコアリングポジションにランナーが進むと、コンバットマーチが流れる。チアリーダーが中心となって皆で両手足を振り上げ、飛び跳ねるようにして踊り出す。

敵の応援にもかかわらず、崇徳の選手たちは延長50回の中で、このリズムとダンスをすっかり覚えてしまっていた。石岡たちは満面の笑みで踊りまくり、メガホンを打ち鳴らして声援を送った。

3回裏。中京の攻撃が無得点に終わったところで、崇徳の選手たちは名残惜しそうに観客席を後にした。帰りのバスの時間が迫っていたのだ。


崇徳がスタンドから去った4回表。好投を続けてきた伊藤が三浦打線にとうとう捕まった。平中が振り返る。

「私のミスです。4回表から松井に代えるつもりだったんですが、伊藤が思いのほか頑張ってくれていたので続投させたんです。松井の負担を1球でも減らしたかったですから。でもいきなり無死一、二塁という形を作られてしまった。そこから一死二、三塁。それでもう限界ということで」

松井は準備万端だった。「悪い、行ってくれ」という平中の言葉に黙って頷くと、マウンドへ弾けるように飛び出していった。


中京が日本一へ向けて4回の攻防に臨んでいる頃、崇徳の選手たちは駐車場を横切っていた。応援団の声援を背後に聞きながら、一歩一歩、故郷へ自分たちを連れ帰っていくバスに近づいていく。その時だった。

「中京高校、選手の交代をお知らせいたします……」

ウグイス嬢のアナウンスが場外へも響き渡った。

「ん？」

「おお？」

「なんや？」

歩きながらも耳に全神経を集中させる。

「……ピッチャーの伊藤君に代わり、松井君が入ります」

ウグイス嬢が告げ終わらないうちに、選手たちの間から歓声が湧き上がった。

松井は帽子を被り直し、ロージンを手に取り、投球練習に入る。崇徳の選手たちはタラップを上がってバスに乗り込む。キャッチャー西山が、飛び出した三塁走者を刺殺する。バスがエンジンをかける。松井がピッチャーゴロに打ち取り、ピンチを切り抜ける。

バスは明石トーカロ球場を後にした。

約束の地

6回裏。均衡を破ったのは中京だった。ツーアウトランナーなしの状況でバッターボックスに小池が入る。石岡が最も嫌がった中京の3番が、ここから曲者ぶりを思う存分に発揮する。バントの構えで揺さぶりをかけ、瞬時に叩きに切り替え。平中によってしごき抜かれた叩きはお手本のように大きく跳ね、三浦守備陣のミスを招く内野安打。4番・柴山に対する2球目には、キャッチャーが送球を諦める完璧な二盗。続く4球目でまたしても走り、あっと言う間に三塁へ到達する。

スタンドで決勝を見守っていた松井の兄・駿が唸る。

「大河が言ってたんですよ。小池が一番センスがあるって。完璧に叩いて二盗、三盗でしょ。すごいですよね」

曲者の足技が三浦学苑の先発・櫨宏司《はしこうじ》の焦りを助長する。5球目はワンバウンドで大きく跳ね、キャッチャーが後逸。小池の攪乱《かくらん》がワイルドピッチを誘い、待望の先制点が入った。

7回裏。中京は追加点を貪欲に奪いに行く。5番加藤、6番齊木《さいき》の連続ヒット。西山が送って一死二、三塁。お膳立てが揃ったところでバッターボックスに松井が立った。例年、中京のエースは投球に専念し、下位打線を担うことが多いが、平中は松井の〝叩き〟を買い、6番に据えていた。松井自身も「バッティングは好き」なのだ。

グリップを握りしめながら松井は思った。

（……楽しいなぁ）

投げるのも打つのも走るのも捕るのも楽しい。仲間たちと白球を追いかけている時間が何よりも幸せだ。負けてしまえば悔しいが、それでも楽しいからやめられない。勝ったら尚さら楽しい。

2球目を叩きつける。軟球が高く跳ねる間に三塁走者の加藤がホームイン。待望の2点目が入った。

自らの手で追加点をもぎ取った松井は、奢らず慌てず、のびのびと投げた。8回表から9回表のツーアウトまで五者連続三振の快投を見せつける。どこにそんなパワーが残っているというのか。その疑問に答えてくれたのは、祖母の勝子だ。

「大河の根性は私が植え付けたの。ニンニクとショウガを食べさせてきたからね。あの子は丈夫だから大丈夫」

ツーアウトランナーなし。この打者を仕留めれば決勝戦が終わる。終わると同時に悲願が成就する。映画や漫画のように、過去の出来事が走馬灯のように脳裏を駆け巡ることなんかない。ただ投げる。無心で投げる。

父の志修が、溢れる涙をそのままに息子を見守る。その額には、石岡の母・久枝から譲り受けた崇徳のタオル。そして手には崇徳応援団のしゃもじが握られていた。

全国大会通算1047球目。兄に教えてもらった握りでスライダーを放つ。バットが空を切り、白球が西山のミットに収まる。圧巻の六者連続三振劇で試合は終わった。

「ウオアアアアア！」

松井は吠えた。大きく右足を蹴り上げて一回転し、胸の前で拳を握りしめた。

（やった！　やったぞ!!　全部……全部、この瞬間のためにやってきたんだ！！！）

ゴアツこと後藤敦也は両手を高々と挙げながら松井の元へ駆け出していった。節目節目で勇気の言葉をナインに発し続けてきたキャプテンは、この瞬間、ひとつも言葉が思い浮かばなかった。我を忘れ、ひたすらに絶叫した。

サードの中上航平は誰よりも早くマウンドに駆け付け、松井と抱き合った。女房役の西山裕基は「一番に大河のところに駆け込んでやろうと思ったんですけど、いざ捕ってみたら、その場で喜んじゃって」マウンドへ駆け寄るのに出遅れた。

ファーストの加藤貴也は中上とほぼ同着だったが、松井に抱きつこうとした瞬間に中上のほうに振り向かれ、背中から抱き締める形になった。ショートの小池翔也は「こういう時はキャッチャーと一番最初に抱き合うものかなと思って、自分は最初に行っちゃ駄目だと思って」俊足を加減し、ゆっくりと輪に加わっていった。

ライトの大島健太郎は、延長17回の秘策の際に見せた全力疾走と変わらないスピードで輪に突っ込んでいった。それを見たセンターの柴山葵は「ああ無理だ」と思い、小走りに切り替えた。一年生レフトの齊木亮介は「ライトの大島さんやセンターの柴山さんに比べて足が遅いんで、輪の中に加わるのは最後になっちゃいました」。

ベンチ入りの選手たちも加わり、観客席からの惜しみない拍手と歓声も加わり、歓喜の輪がくるくる回り始める。全員が飛び跳ねながら、野球の神様に向かって全力プレーしたことを報告するように、人差し指を天に向かって突き上げた。


その頃、崇徳の選手たちは故郷・広島へと続く高速道路の上にいた。ツイッターの野球速報で中京の優勝を知った瞬間、バスの車内は大歓声に包まれた。

「勝った！！！」

「中京優勝じゃ！！！」

俺たちに勝ったんじゃ。優勝して当たり前じゃ！　石岡は仲間たちと共に大騒ぎした。


中京ベンチ前では平中が号泣し、土の上に崩れ落ちていた。佐藤が抱き起こそうとするも、まるで明石の土に同化してしまったかのように動かない。その様子をスタンド最前列からカメラに収めようとしていたのは、泣き笑いのような表情を浮かべた船坂だった。誰よりも早く泣き出していたコーチの福井はもちろん、もはや滝の如しだ。

「もうこれから校歌が始まるし、挨拶もしなきゃいけないから、ちゃんと立って!!」

〝野球部の母〟に叱責され、平中は一度は立ち上がるものの、もう一度土の上へ崩れ落ちていく。崇徳戦の後、「まだ終わってない。これから決勝がある！」と、込み上げるものをグッと堪えてきた。

決勝戦で勝利を収め、日本一を勝ち取った今、防波堤はもう何もない。堰き止めていた分、涙の奔流は二倍三倍の勢いで溢れ続けた。野球の真髄は、地味な作業をコツコツと積み重ねることが出来る人間力にこそある――。

選手たちは傷だらけになりながら〝中京魂〟を見事に証明してくれた。

（……ありがとうな。おまえら、ありがとうな）

平中の涙は止まるところを知らなかった。

松井は校歌をまともに歌うことが出来なかった。溢れる涙を止める術がなかった。すべて終わったのだ。止める必要もなかった。

「明石に連れていく」

が家庭内での口癖だった。

「何が何でも僕は明石でやり抜く。絶対に勝つ」

と祖母の勝子に宣言していた。約束の地へ向かうため、18年間という歳月のすべてを仲間たちと共に野球に捧げてきた。膨大な汗と涙と引き換えに、松井は自分との約束を果たした。

延長50回終了後の「絶対優勝してくれよ」という石岡との、崇徳との約束を果たした。

歴史的な死闘をきっかけに芽生えた絆が、最後に背中を押してくれた。

8月の最終日。空は晴れ渡り、南西の風が明石を吹き抜けていた。

松井大河
全国大会通算1047球
計75回1失点（72回と3分の2連続無失点）
防御率0・12

エピローグ

もうひとつの夏

絆のアカシに

翌9月1日早朝。平中監督が自らハンドルを握るバスが明石を発ち、故郷の岐阜の母校へ向けて走り出した。凱旋だ。

部長の佐藤が振り返る。

「31日は試合が終わったばかりで、子供たちはどこか夢心地というか、日本一の実感はあまり湧いてなかった感じでした。明けて1日の朝イチで、宿泊先のホテルからの生中継があったんですが、そのあたりからみんなジワジワと〝自分たちはすごいことをやったんだ〟とわかってきたみたいで。岐阜に着いて、生徒たち、教職員、保護者の皆様から熱狂的に迎え入れてもらって。みんな、その時にはっきりと実感した様子でしたね」

この凱旋劇の直前、バスの中でゴアッは物思いに耽《ふけ》っていた。

「体育館に僕らが登場して、みなさんに迎えていただくという段取りだったんですが、その時間調整というのがあって、バスの中で待機する時間があったんです。その時に、いろんなことを思い出したり、考えたりしていて……」

ゴアッの胸の中を、昨日までの怒濤のような日々が逆回転していく。日本一に輝いた瞬間、延長50回のプレイバック、ギプスを外した日の記憶……。断片的に甦る記憶の中に、松田から受け取った千羽鶴も出てきた。死闘を通して芽生えた絆。そして思い当たるのだ。崇徳の選手たちの中には安佐南区の出身者、在住者が数多くいる。大会直前の広島を襲った土砂災害の悲劇。

「実は僕の中学時代の野球部の監督、畑野先生が安佐南区出身なんです。それで大会中も先生の御実家は大丈夫だろうか、とずっと思っていて。その後、平中監督から〝石岡君も安佐南区出身らしい。他にも出身者や今現在も住んでいる選手も多いらしい〟ということを聞きまして。試合中は申し訳ないですけど、そのことを考えている余裕がなくて……」

延長50回を終え、日本一を勝ち取り、母校に凱旋するバスの中で、ゴアツはクールダウンしていった。そして安佐南区、土砂災害といったキーワードが、母校を目の前にして頭の中に駆け巡ってきたのだ。

（自分たちに何か出来ないか）

自問した直後に浮かんだのは義援金だった。先の東日本大震災でも日本列島を、世界を縦断した絆の証だ。ゴアツは座席から身を乗り出して、仲間たちの意見を募った。

「広島の土砂災害の被災者のみなさんのために、募金をしようと思うんやけど、どうやろ？」

死闘を通して芽生えた絆。崇徳に対する感謝の気持ちを形にして伝えるには、今はこの方法が一番いいのではないか？　ゴアッの提案に仲間たちはかぶせ気味で即答した。

「よし、やろうや」

「やろうやろう」

「んなもん、やるに決まっとるやろ」

バスを降りたゴアッは、和田副校長に提案を伝えた。

「嬉しかったですね。僕も思っていたし、校長も学園長も考えておったことですから。それをこっちからじゃなしに、生徒のほうから言ってくるんですから。延長50回も日本一も嬉しかったけど、これには感動しました。中京高校で教員をやってきて良かった、と思いましたわ」

教職員たちの決を採るまでもない提案に、和田は大きく頷いた。

優勝報告会。体育館に入場してきた中京の戦士たちに、嵐のような拍手と歓声が降り注いだ。そして会の最後。選手代表として壇上に上がったゴアッは、日本一への経緯、応援に対するお礼などを述べた後で〝本題〟に入った。

崇徳高校との間に出来た歴史的な縁と絆。そのことに対する感謝の形として、広島土砂災害への義援金を募りたい、と。母校の人々は鳴り響く拍手をもって、この提案に返答した。

9月9日。崇徳のキャプテン松田は、生徒会長らと共に広島市役所を訪れていた。崇徳中学校・崇徳高校で集めた約17万円を生徒会長が、そして中京高校から預かった約31万円を松田が、総務課長へ手渡した。

「さすが中京だな、と思いました。ありがたかったです。心配してもらうだけでも嬉しいのに。野球を通して新しく出来た仲間に、そこまでしてもらえるというのは本当に嬉しかったです」

変わるという成長　変わらないという成長

9月某日。崇徳の監督、中河は酒席で友人からこんなことを言われた。

「生徒に感謝せんといけんな」

中河は深く頷いた。

「うん。その通りじゃ」

「生徒がおったけん、あそこまで行けた」

「うん。いい経験させてもらった。感謝やね」

樽本部長は「中京戦後、子供たちの顔つきが変わった気がする」と言う。
「これまでは〝さぁ行こうで！〟だけだったんですけどね。練習で本当に声が出るようになりました。プレーに対する具体的な声が飛ぶようになって、励まし合う声やフォローし合う声が増えたんです。子供たちは成長したと思います」

9月1日。石岡家ではこんな会話があったという。
史亘「50回も投げたくせに、なんで勝てんのや？」
樹輝弥「仕方なかろうが！」
史亘「かぁ、つまらんのう！」
樹輝弥「何を言いよる！　じゃあ、おまえがしてみいや！」
史亘「おまえみたいにダラダラ50回じゃのうて、9回で終わらせたるわ、ボケ！」
手荒い愛情表現だ。

佐藤部長が言う。
「あんな試合をして、あれだけ注目されたんですけどね。子供たちは調子に乗ることもないし、変にへりくだるようなこともなくて。良くも悪くも変わらないですよ」

変わるという成長。そして、変わらないという成長。どちらもある。即座に可視的な成長もあれば、長い時間を経た後に判明する成長もあるだろう。

確かなのは、崇徳の選手たちも中京の選手たちも、この夏で間違いなく成長したということだ。

船坂トレーナーが言う。

「松井は大変なことをやってのけたと思います。でも日常に帰ったら、いつもの松井に戻ってましたよ。あいつはちょっと生意気で、ひょうきんなやつなんです。あほなこと言ってね。何も特別じゃない、普通の高校生ですよ。中京の子たちは全国大会で明石にいる間、試合後はみんなで海沿いの温泉へ行っていたんです。お風呂はリフレッシュとしては最高ですからね。崇徳戦が延長に次ぐ延長になって、私はいつも松井に聞いていたんですよ。〝治療が先か風呂が先か、どっちがいい？〟って。身体と精神とどっちを先に癒したいのかを本人に選ばせるわけです。松井は二日目も三日目も、体をひきずるようにして、先にお風呂に行ってました。身体よりも精神的な疲労が大きいんだろうなと思ってたんですが、実はね、そこの露天風呂は海水浴場に面していて、浜辺を歩く水着のオネエちゃんたちが見えるらしいんですよ。それを仲間たちとみんなでオーオーッて騒いで見てたって。まぁ、確かに癒されにいってたわけですよ。ハハハ！　松井は普通の高校生ですよ」

サイボーグが1000球投げても2000球投げても、そこには何の感動も奇跡も生まれない。普通の高校生たちが青春を懸け、心身の限界の果てに紡《つむ》ぎ出したドラマ。だからこそ人々の琴線に触れるのだろう。

やりたいか　やりたくないか

8月31日から1週間も経たない9月5日。第69回国民体育大会（長崎がんばらんば国体）における高等学校野球（軟式）競技会の組み合わせが発表された。

全国高等学校軟式野球選手権大会に出場したチームの中から、国体選考委員会が選出した10チームがエントリー。トーナメント方式で戦う。

佐藤が胸の内を正直に明かしてくれた。

「この時期は選手も指導者側も大変です。全国大会が終わって、二年生を中心とした新チームが始動して、もう大会が始まっていますからね。三年生たちも全国大会の疲れとか余韻とか抜けきらない中で、国体に向けた練習を始めなくちゃいけなくて。どこの学校もそうだと思いますけど」

全国大会で早々に敗退してしまい、雪辱を誓うチームはモチベーションを作りやすく、練習にも身が入るだろう。

しかし日本一という大仕事を遂げた直後に、新たなモチベーションを作るのは容易なことではない。しかも監督やコーチは、二年生たち新チームの練習や大会に体も時間も割かれている。

とはいえ、大会は日々迫ってくる。1カ月後の10月13日から16日までの四日間。2014年度の開催地は長崎だ。

佐藤は筆者が手渡した組み合わせ表を眺め、フフフと笑う。そうなのだ。トーナメントの山組みを見ると、中京と崇徳が別山になっている。つまり、それぞれが勝ち上がっていけば、決勝でぶつかるという組み合わせになっているのだ。

「互いに勝ち上がって決勝でぶつかるなんてことになったら、面白いですね。マスコミも飛びつきそうじゃないですか？　両雄再び、みたいな。実際にそういった論調の記事も、もういくつかありますしね」

筆者が水を向けると、佐藤が笑って諌《いさ》める。

「そんなの勝てればの話ですよ。うちは初戦で文徳さんですし。崇徳さんも初戦で三浦さんでしょう。しんどいですよ。うちは〝国体運〟もないですし」

［第69回国民体育大会 組み合わせ表］

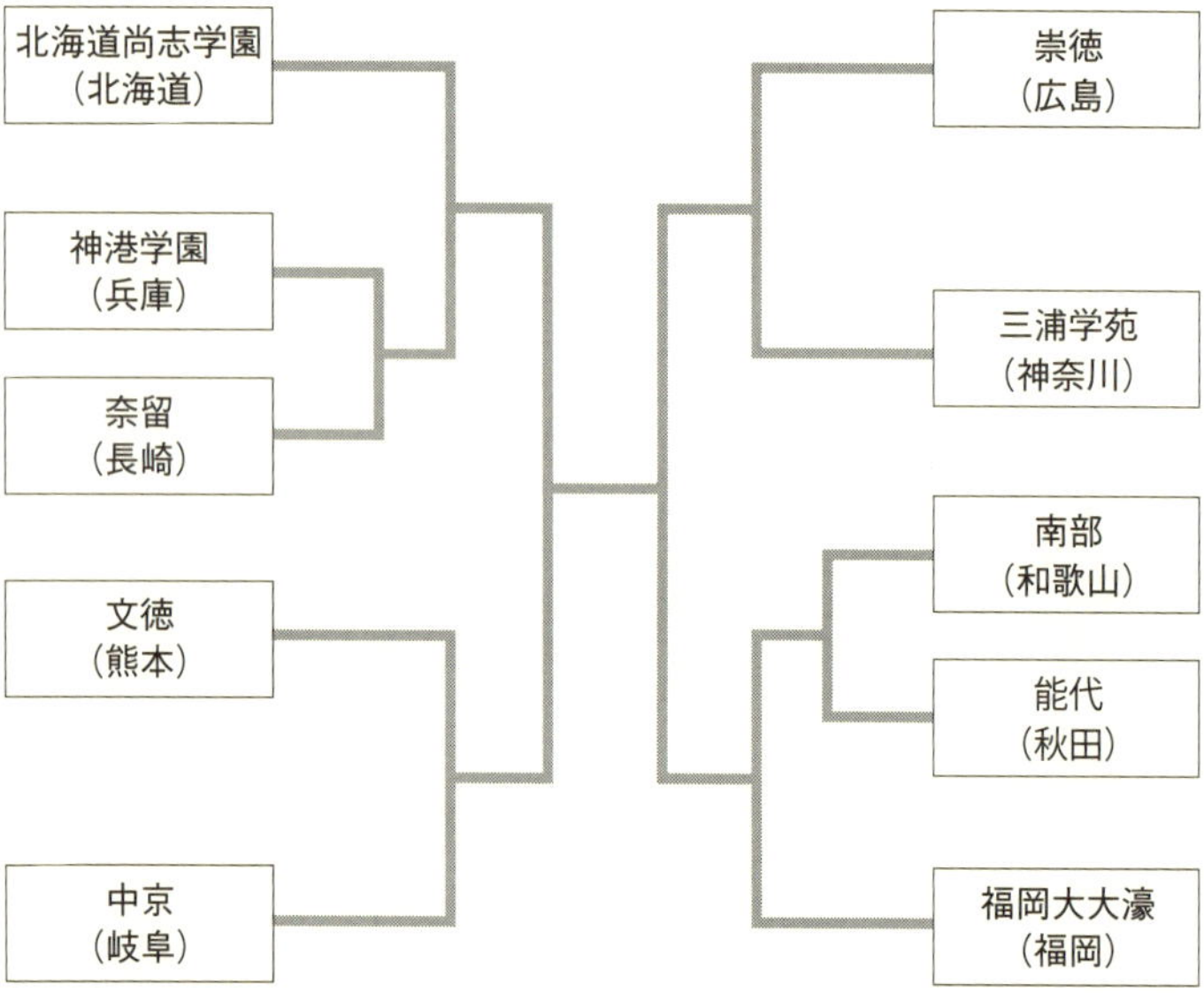

２０１０年の千葉国体では天候不良で決勝戦が行われず。２０１１年の山口国体ではくじ引きで外れを引いた。地元の岐阜で開催された２０１２年の国体では初戦敗退。

「岐阜国体は松井が住んでる多治見市で開催されたんですけどね。負けちゃって。国体は振るわないんですよ」

監督の平中にトーナメント表を見せてみた。

「崇徳さんともう一度？　選手たちは〝やりたい〟って言う子も結構いますけど、私としては嫌ですねぇ」

平中は笑って言う。

「崇徳さん強いですから。また石岡君が投げてきたら、点はなかなか取れないでしょうし。出るからには勝ちたいですからね。私は嫌かなぁ」

ちなみに船坂も「勘弁してください」という返答であった。ただし、

「延長50回は投手戦になりましたが、今度はバッターが主役になればいいと思っています。それで石岡君を打ち崩せたらと」

松井はどう思っているのだろうか。

「また長くなりそうなんで、嫌ですね」

松井は笑いながら続けた。

「石岡君とは投げ合いたいですね。でも試合するのはやっぱり嫌です。もしもそうなっ

たとしたら？　返り討ちにします」

　強気は健在。根っからのピッチャー気質だ。

　こうなれば当然、石岡にも聞きたい。

「お互いに勝ち上がって決勝で、なんて面白いですね。そうなったら、また盛り上がってくれるかもしれんし。僕は中京とやりたいですよ。今度はこっちが1－0とかで勝ちたいです」

　やっぱり石岡だ。

カツ君

　1カ月後は、やはりあっという間にやってきた。決戦の地は長崎県・五島列島。ところがここで季節特有のハプニングが発生する。台風19号の影響で飛行機をはじめとした交通機関に乱れが生じ、開催日が1日ずれ込んだのだ。

　選手たちはもちろん、応援に駆け付けようという保護者たちも煽りを喰い、中には現地応援を諦めざるを得ない人々も少なくなかった。

　波乱の幕開けとなった長崎国体。会場となった五島市中央公園野球場で、闘いは始まった。

10月14日。まずは崇徳が三浦学苑と激突することとなった。全国大会では決勝進出を早々に決めながら延長50回の影響で待機を余儀なくされ、臨んだ決勝でも中京に敗退。図らずも引き立て役に仕立てられてしまった悔しさが、三浦にはある。

この強敵を相手に、先発マウンドを任されたのは重松だった。

8月31日に時間を巻き戻す。延長50回終了後。石岡の母・久枝は、スタンド席を横切り、重松勝実の両親の元へ行った。

「ごめん。決勝はカツ君でいってもらおう思うとったのに……」

久枝が謝った瞬間、重松の母はその場で泣き崩れ、地べたに座り込んでしまった。

全国大会終了後、久枝は強く願っていた。国体はどうしてもカツ君に投げて欲しい、と。その石岡母の願いが通じたのだ。

国体前。中河は筆者の質問にこう答えていた。

「やっぱり中学生の頃から知ってますからね。大きな大会で重松が投げるところを見たい、というのはあります。本当は全国大会の決勝で投げさせる予定でしたから。初戦の三浦さんとの試合では、重松に先発を任せようと思っています」

「もしも勝ち上がり、決勝で中京と戦うことになったら？」

「もしもそうなった場合は、間違いなく石岡で行きます。重松で突破し、石岡に繋ぐ。うちは二枚看板ですから」

石岡が言う。

「中京戦が終わった後、一番最初に謝りに行ったのは重松のとこです。ごめん、おまえを決勝に連れていけんかった、って。あいつは〝いいよ。俺、国体で暴れるけ〟って。中京戦の直後にもう先を見てました、あいつは」


重松は初回から飛ばした。

「二回戦と準決勝を完封して、崇徳にはもう一人いるんだ、って証明してやろうと思っていました」

189センチの長身から降って来るような剛速球が、唸りを上げてミットを叩きつける。球場全体から思わずため息が漏れる。バックネット裏に陣取っていたテレビ局のカメラマンが思わず唸る。

「あのピッチャー、なんなんだ……」

崇徳にあんなのがいたのか。三浦ベンチは息を飲んだ。

台風に翻弄されて飛行機のチケットがうまく取れず、応援に駆け付けられなかった重松母のために、石岡母はスマホのムービーを回し続けた。「ありがとうね」という重松母の言葉に目を潤ませながら、久枝は重松に声援を送り続けた。

〝カツ君〟の晴れ姿が、久枝の目を真っ赤にした。

重松の剛速球が走る。バチーンという重低音を響かせる豪球を、力強くミットで受け止めているのは沖西ではない。キャプテンの松田だ。

4番を張れるほどのバッティングセンスを持ちながら、ことごとく怪我に泣かされてきた3年間。それでも腐らず、いつも笑顔でチームメイトに声を掛け続けてきたキャプテン。仲間たちに最も信頼され、愛される男は今、選手としての自分に花を手向《たむ》けようとしていた。

重松は5回終了時で無失点。しかも、4回に仲間たちが3点もプレゼントしてくれている。

「決勝で中京と当たったら、石岡に投げさせたい。今度こそ、松井に投げ勝って欲しいから。だから、それまでは僕が完璧にやってやろうと」

しかし、全国大会準優勝校の三浦もこのまま黙ってはいない。6回裏に1点を返す。すると重松は、

「ジュキ～、代わってくれ～」

石岡に交代をねだったのだ。完封試合をしたかったのに出来なかった。それで心の中にピンと張っていた糸が緩んでしまったらしい。大きな体に似合わない繊細な心の持ち主は、ここで気の小ささを露呈してしまった。石岡が愛の鞭《むち》で追い返す。

「おまえ、投げーや！　最後まで行けや！」

三浦は7回裏にも、さらに1点。3－2と追いすがる。これまでの重松であれば、剛速球を持ちながらも精神的な弱さが災いし、ズルズルやられてしまっていたかもしれない。しかし、巨人は踏ん張った。仲間たちが9回に2点を追加プレゼントして点差を広げてくれると、そのまま逃げ切り。見事に完投勝利を収めた。

ゴトウの夏

翌15日。今度は中京の出番だ。対戦相手は熊本の文徳。全国大会準々決勝で崇徳と戦った優勝候補の一角である。この古豪を倒さなければ〝両雄再び〟は実現しない。

中京は幸先よく、大島の三塁打、安藤敦也《あつや》と西山の二塁打などで4得点。7回終了時点で4－0とリードを広げた。「今度はバッターが主役になれば」という船坂の言葉通りの展開だ。

しかし、このまま引き下がる文徳ではない。先発の松井を引き継いだ後藤敬也《けいや》を攻め立てる。8回表に2点、9回表に1点と1点差まで迫ってきたが、最後は再び松井が登場し、そのまま逃げ切った。

翌16日の準決勝。中京は兵庫の神港学園戦に臨んだ。国体へ取材に訪れているメディア各社の立ち話からも、〝中京がこの試合を勝ち上がって先に決勝へ進み、崇徳を悠然と待っている〟といったストーリーを望んでいることが漏れ伝わってくる。

先発マウンドは松井ではなく、文徳戦でも登板した後藤が上がった。後藤は先の全国大会でベンチ入りできなかった左腕だ。平中が言う。

「彼の急成長があったから、松井も最後まで成長できたんです」

平中は、三年生たちにとって最後の晴れ舞台となる国体で、後藤を抜擢した。

「自分は気が小さいんで……松井が声を掛けてくれて」

日本一を摑み取った勝利投手の松井は、友人でもあるが、尊敬すべき偉大な投手でもある。そんな松井から「おまえなら大丈夫」と何度も励まされ、後藤はマウンドへ上がったのだ。

夏に少し遅れてやってきた左腕は張り切った。7回裏まで0-0という投手戦を展開する。8回表に二安打を浴びて1点を失うが、国体の準決勝でこの内容は立派だ。

9回表。マウンド上には松井がいた。8回2安打1失点という素晴らしい内容で後藤はエースへマウンドを譲った。松井は後藤の好投に応えて三人でピシャリと抑え、9回裏、最後の仲間の打撃に託した。

まだ夏を終わらせたくない。ひとつひとつ積み重ねていこう。そして1点を取ろう。振り出しに戻して、そしてまた積み重ねて、勝利へ向かおう。中京ナインたちは最後の最後まで諦めなかった。

しかし、相手の神港学園もこの3年間、ひとつひとつ積み重ねてきたのだ。積み重ねてきた者同士が戦っているのだ。だから接戦になる。だからドラマは生まれる。

中京は破れた。県大会、東海大会、そして延長50回を、全国大会決勝戦を、この1年間無敗で勝ち進んできた王者が、ここで倒れた。

スタンド席では落胆のため息と共に、「8回で松井に代えておけば……」という声も上がったが、それは結果論だ。

延長50回の影響だろうか。この長崎国体では大会規定により延長戦は設定されていない。9回終了時点で同点の場合はタイブレーク制（※決勝戦を除く）が導入されている。

平中は0－0で推移する投手戦を睨み、タイブレーク突入に備えて松井を温存した。先の決勝戦も見据えての作戦だった。確かに「もしも8回で松井を投入していれば、あるいは0－0のままでタイブレークへ」という見方は出来る。しかし、8回2安打1失点という後藤の素晴らしいピッチングを一体誰が責められようか。

試合後。中京の戦士たちは号泣していた。1点を失った後藤を責めるのではなく、点を取ってあげられなかった自分たちを責めた。

後藤は全身を震わせていた。松井はそんな後藤のそばに寄り添い続けた。その目は真っ赤だった。

最後のミーティング。平中は目を潤ませ、一人一人の顔を見つめながら、ゆっくりと言った。

「夏に優勝した後、ちょっと異常なくらい注目されたな。だけど、おまえらは勝っても変わらんかった。素晴らしいことだ。負けて変わったら恥ずかしいぞ。中京で軟式をやったという誇りを忘れないで欲しい」

タイブレーク

中京が負けた。

「さすがにガクンとくるわ」

久枝が呟いた。久枝にとって中京は、もはや身内だった。

石岡が「あああ」と呻いた。百間が「テンション下がるわ〜」と嘆いた。他の選手たちの間からも次々にため息が漏れた。

選手たちの気持ちは理解できた。十分に理解した上で、温厚な樽本は敢えて声を荒げた。

「ふざけんなや！　おまえらや中京さんだけやない。参加校はみんなそれぞれ頑張っとるんじゃ！」

じゃあ、おまえらが中京さんの分まで背負って優勝せんかい！　樽本の目はそう言っていた。


〝中京ショック〟から間を置かずして、崇徳の準決勝が始まった。対戦相手の南部は全国大会にも出場した実力校だ。

先発は初戦で完投した重松だ。投球練習するこの巨人に、崇徳応援席に陣取って声援を送っていたのは、先ほど敗れたばかりの中京の選手たちだった。

夏の全国大会では、三浦学苑との決勝戦を崇徳が応援してくれた。今度は俺たちが崇徳を応援する。松井たちは崇徳の父兄から借りたしゃもじを打ち鳴らし、〝仲間たち〟に声援を送った。

崇徳のエースは1回表にいきなり先制され、気の小ささが顔を出すものの我慢の投球を続けた。

南部の投手・舟越は膝を「く」の字に折った状態でセットし、そこから超クイックで投げてくる変則型のピッチャーだ。独特のフォームにタイミングが取りづらく、崇徳バッター陣は打ちあぐね続けた。しかし5回裏には重松自らがタイムリーを放ち、1－1。試合を振り出しに戻した。

ところが6回、重松が捕まった。危機を感じ取った中河は重松に代えて石岡を送り込むが、この回2失点。

南部は強い――。

気を引き締め直した崇徳は8回、9回で1点ずつ取り返し、土壇場で同点に追いつく。9回裏の時点で決着つかず。試合は長崎国体初のタイブレークへ持ち込まれた。

一死満塁状態があらかじめ作られ、そこからの得点が争われる。そして両チーム共に打順が選択できる。

10回表。南部は2番、3番、4番という必勝打順で臨んできた。2週間前、全国的知名度を得た崇徳を喰ってやる！　あの石岡を打ち崩してやる！　南部は燃えていた。

あらかじめ埋まった満塁状態。南部はまず内野ゴロで1得点。さらに痛烈なライナーをレフト前に放ち、2点目。あの石岡を攻略した！　南部ベンチは大盛り上がりだ。

安佐クラブに所属していた小学四年生の頃から、幾度となくノーアウト満塁のピンチでマウンドを託され、ことごとく抑えてきた。王者中京の猛攻を延長49回まで凌いだ。その石岡が打たれた。一死満塁状態スタートのタイブレークとはいえ、打たれたのだ。石岡は多くを語らない。しかし、身体の不調と、直前で中京が敗れ去っていったことの影響はゼロではない、と筆者は思う。

5－3の状態で10回裏。崇徳は1番、2番、3番という打順で逆転を期した。しかし快音は響かず。

崇徳も力尽きた。

中京と崇徳の国体は、共に仲良く3位で幕を閉じた。南部はその後、勢いそのままに一気に優勝へと駆け上がった。

夏の行方

国体終了後。崇徳の父兄たちはラインで連絡を取り合った。

久枝のライン
お疲れ様でした。国体残念でしたが、子供たちにとっていい思い出が出来たと思います。この崇徳高校軟式野球部に子供が入部して、楽しい父兄と出会え、みんなに会えるのが楽しかったです。ありがとうございました。

重松母のライン
カツ君はみんなに支えられてエースでいられました。私はみんなに支えられて3年間を楽しく過ごすことが出来ました。これからは野球を離れますが、また違う絆で強く結ばれて、この付き合いが長く続いてくれたらと、親子ともども思います。終わりは始まり。これからもどうぞよろしくお願いします。

中京が準決勝で負けた後、編集長と筆者は球場の周囲で関係者への取材をしていた。すぐ近くを松井大河が通りかかった。泣き腫らした目の松井に掛ける言葉を、私はひとつも持っていなかった。目を合わせるのも気まずいとすら感じていた。すると松井のほうから、
「お疲れ様です」
と頭を下げてくれた。真っ赤な目で、それでも懸命に笑顔を作り、松井は挨拶してく

れたのだ。挨拶を徹底させた平中監督が作り上げた選手は、こんな状況でも教えを守った。私は自分の不甲斐なさに腹が立つと共に、仲間たちの元へ戻っていく松井の背中に、震えるような感動を覚えていた。

崇徳が敗退した後も、私は編集長と共に関係者への取材をしていた。するとそこへト

コトコと石岡樹輝弥が近づいてきた。どんな言葉を掛けようか、また迷っていると、

「おかしくないっすか？　俺、この夏、結構話題になったはずなのに。モテていいはず

なのになぁ！」

他校の女子生徒たちをチラチラ見ながら、石岡は口を尖らせる。苦笑する私を見て、

石岡も笑う。

「今度ね、文化祭があるんすよ」

男子校に唯一、華が咲く日だ。

「やっぱクールに決めようと思うとるんですけど、どうっすかね？」

私が、

「いや、スカしてるのはどうかな。明るくて親しみやすいキャラのほうがいいんじゃな

い？」

と返すと、

「あぁ〜！！！　そっちかぁ！　そっちなのかぁ！」

と頭を抱えながら去っていった。

五島に降り注ぐ10月の陽が、背番号6を射る。やがてその数字は人混みに紛れて見えなくなった。

夏が終わろうとしている。空前絶後のドラマを生んだ、奇跡の夏が終わろうとしている。

奇跡の夏

なぜこんな奇跡的な夏が生まれたのか？　この疑問を解き明かすため、取材旅行を始めた。

中京の取材で、編集長と岐阜を訪れていた時のことだ。瑞浪《みずなみ》市内のビジネスホテルに宿を取り、ＪＲ瑞浪駅前へ腹ごしらえに出た頃、腕時計は夜の10時を回っていた。

土地勘のない二人の男が残暑の闇を彷徨《さまよ》い歩いた結果、目に飛び込んできたのは北海道料理がメインの居酒屋だった。『オホーツク』という看板を見ながら、

「せっかく岐阜に来たのに、北海道っすか？」

と私が口を尖らせると、

「日本酒と焼酎のラインナップがいいんだよ。ここはたぶん悪くない」

と、ガラス越しに店内の酒棚を観察しながら言う。

編集長の見立て通り、料理は旨かった。強面の大将も話してみれば気さくだし、常連客からチーちゃんと呼ばれている妙齢の美人店員さんも、朗らかで楽しい。

カウンター越しの二人の人柄とアルコールが、私たちの口を滑らかにする。

「ああ、わざわざ東京から。中京の取材でねぇ。いやぁすごかったもん、延長50回なんてねぇ。あんなのもう二度とないよ。奇跡だわ、あれは」

ほろ酔いの大将は何度も〝奇跡〟という言葉を繰り返した。そして、以前お店でアルバイトをしていたという中京高校軟式野球部の元部員を呼び出し、宴は盛り上がった。

彼は、延長50回を戦い抜いた後輩たちの活躍を、「嬉しかったですよ。本当によくやってくれました」と喜び、平中監督への感謝の思いを何度も口にした。

そして別れ際、振り返って最後にこう言った。

「野球って、やっぱ楽しいっすよ！」

店を出て宿へ帰る道すがら、私は『なぜこんな奇跡的な夏が生まれたのか?』という当初の謎が、少しずつ解けていくのを実感していた。

取材を通して、選手はもちろん、指導者たち、御父兄、OBOGといった様々な人々の熱い想いを感じることが出来た。そこには計り知れない汗と涙、数え切れない挑戦と失敗、温かい協力と絆の跡があった。

ではなぜ、そんなにも人々は夢中になれたのだろう?

物事をより複雑に考え込んでしまうのが、私の悪い癖だ。どうしてこんなシンプルなことに気が付かなかったのか。

「野球は楽しい」のだ。

楽しいからこそ夢中になれる。石岡は何度も「楽しい」と言って笑った。マウンド上では、内に闘志を秘めながら常に笑っていた。ボロボロになりながら50回を投げ抜き、負けた後も「悔しいけど、楽しかった」とやっぱり笑った。

シャイな松井は石岡ほど感情を表に出さない。しかし、彼が野球をとことん楽しんできたことはわかる。幼い頃に大怪我で入院したが、ベッドの上でもグローブとボールを手放さなかった。50回を投げる中で苛立ち、涙し、震えるような感動を味わった。楽しいからこそ全部全力だった。

平中も中河も大いに苦しみ、大いに楽しんだ。両校の御父兄も我を忘れて声援を送り、はしゃぎ、泣き、笑った。誰もが日常を忘れて没頭した。その膨大なエネルギーが野球の神様を喜ばせ、もう二度とないであろう奇跡が産み落とされたのだ。野球だけに限らないだろう。神様はいつだって人間界を見守りながら、熱量が大きな場所へ、とんでもないプレゼントを投下するのだ。

私は松井の祖母、勝子の言葉を思い出していた。

「何でもいいですけど、ひとつ夢中になれることがあるのは、ありがたいことだなと思います」

この稿を書いている10月末日。三年生球児たちは事実上引退し、すでに二年生と一年生による新チーム体制が始まっている。来年の夏、日本のどこに大きな熱量が生まれるのだろうか。そして神様はどんなプレゼントを投げ入れるのだろうか。

深まる秋の向こうに冬将軍が腕組みしている。それなのにもう、煌《きら》めく夏が恋しい。

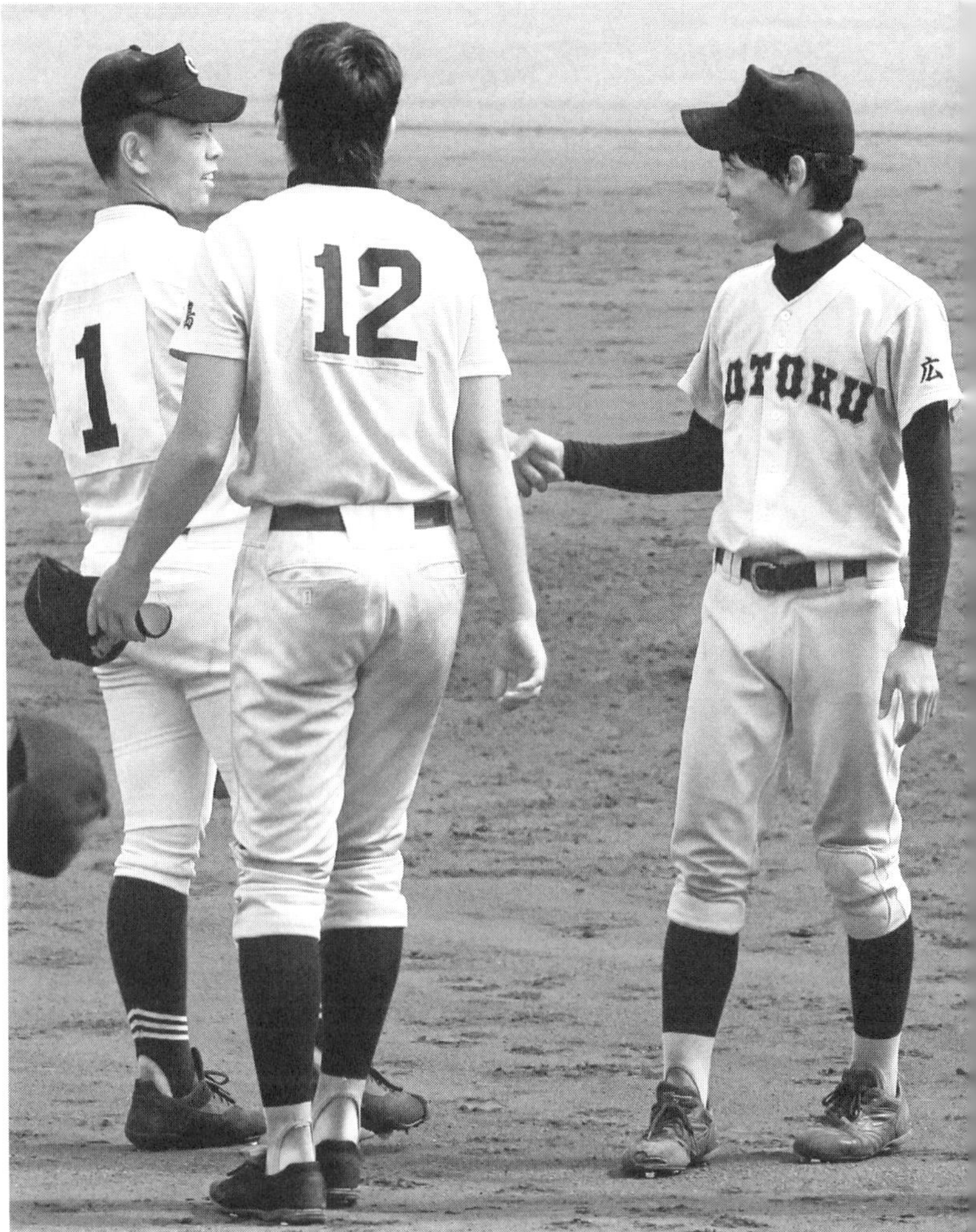
1
12
広

あとがき

一冊を書くにあたり、両校の選手はもとより、指導者の皆様、御父兄の皆様、他あらゆる関係者の皆様に、貴重な時間を割いていただいて話を伺いました。

みなさんに共通することがふたつあることに気が付きました。ひとつは本当に野球が好き、だということ。もうひとつは心の温かい方たちばかり、ということです。

お世辞ではありません。選手たちは皆、仲間たちのことを大切に思っていました。指導者の皆様は、野球はもちろん人としての道を、選手たちの将来のために一生懸命教えようとしていました。そして御父兄の皆様は、そんな選手と指導者たちがグラウンドで思う存分戦うことが出来るよう、惜しみないサポートをしておられました。

延長50回。なぜこんな奇跡的な試合が生まれたのか?

その疑問を解き明かすための旅を終え、私は私なりの答えを見つけました。それは皆様の野球に対する愛情と、人に対する心の温かさでした。だからこそ選手たちは戦い抜くことが出来たのだと思います。そして築かれた絆は、広島の土砂災害への義援金という具体的な〝アカシ〟を生み出しました。

伝説の延長50回は、日本中の目を軟式野球に向けました。そして球数制限、タイブレーク制、サスペンデッド制などについての論議も巻き起こりました。

私は今後、ルールがどういった形で変更されたとしても、また違う形のドラマが生まれると思っています。野球を愛し、他人を思いやる温かい人々がいる限り、また違う奇跡が生まれると信じたいのです。


伝説の語り部として、実力不足は承知の上で書かせていただきました。締め切りに追われ、何度もくじけそうになるたびに励ましてくれたのは、私の胸の中で死闘を繰り広げる選手たちでした。もう駄目だと諦めそうになるたびに、笑顔で背中を叩いてくれました。


取材に応じてくださった皆様。本当にありがとうございました。また、どこかのグラウンドでお会いしましょう。

〝監督〟として私を叱り、励まし、導いてくださった鈴木誠編集長。ありがとうございました。また白球を追いかける旅、御一緒したいです。

そして沖西君。笑顔で野球をする日が来ることを、心より願っています。

最後に、拙い文章をここまでお読みくださった読者様。50イニングにわたって根気よくお付き合いくださり、本当にありがとうございました。

２０１４年11月

中　大輔

延長50回の絆

2015年1月3日　初版第一刷発行

著者／中大輔©Daisuke Naka

発行人／後藤明信
発行所／株式会社竹書房
〒102-0072　東京都千代田区飯田橋2-7-3
03-3264-1576（代表）03-3234-1333（編集）
振替00170-2-179210
URL　http://www.takeshobo.co.jp

印刷所／共同印刷株式会社

カバー・本文デザイン／轡田昭彦＋坪井朋子
取材協力／中京高校野球部・崇徳高校野球部
特別協力／石岡久枝・松井志修
協力／松井勝子・松井駿・松井健人・石岡史亘・石岡省悟・
百間千恵・松永とよ子
写真提供／朝日新聞社・産経新聞社・アフロ（日刊スポーツ）
校正／石井裕二

編集人／鈴木誠

Printed in Japan 2015

ISBN978-4-8019-0114-8　C0076